5 Washington Irving

Los signos del humano afán, de la inteligencia y de la sensibilidad de las personas y de los pueblos son múltiples, como lo son sus caracteres y sus formas para adaptarse o retar al destino o a la Naturaleza. No es esta Ruta del Legado Andalusí una propuesta de turismo apresurado sino una invitación para contemplar el más noble espectáculo que puede brindarse: el sencillo e innumerable vivir. Unas veces nos detendremos ante formas de vida antiguas, propias de la agricultura y el pastoreo en difíciles tierras áridas, o en impensables oasis resguardados de montes y de ramblas; otras, nos asomaremos al fluir constante de añosas formas culturales, en ocasiones de la mano del mar, aquietadas quizás en viejas tradiciones marineras o en el fondo oscuro del taller de

WASHINGTON IRVING

El personaje que da nombre a esta ruta nace en Nueva York poco después de la Independencia Americana y pronto alcanza gran popularidad en el mundo de la literatura. Escritor romántico destaca en su faceta de historiador y biógrafo.

Atraído por España, vive en Granada, concretamente en la Alhambra, y llega a enamorarse de ella hasta tal punto que escribe un libro *Los Cuentos de la Alhambra*, lleno de leyendas sobre este palacio al que lo considera encantado y encantador.

forja, donde los delicados matices incandescentes advierten del temple buscado, o acaso esparcidas en el luminoso espacio del alfar.

En la época de la industria y de la prisa, contemplar el tiempo, detenido en los remansos del taller o en el jubiloso festejar de las gentes, es una tentación cada vez más intensa. Caminar hacia los lugares por gusto y estima de lo que en ellos encontremos, y no por una huida sin fin hacia otra parte, es cada vez más necesario.

Con marcha prudente, invitamos a disfrutar de paisajes y labores, de fiestas en las que participan todos, sin más fin que el de alegrar la propia vida y la ajena, para hacerse solidarios de una condición o de un destino.

Acaso la suerte nos depare el convite hospitalario que nos permitirá gustar viejos sabores, prodigios a veces de imaginación y de arte.

Casas árabes del Albaicín
(Grabados de Parcerisa)

El libro comienza con un viaje que el autor hace, desde Sevilla a Granada, con un amigo suyo miembro de la embajada rusa en Madrid en la primavera de 1829, exactamente el 6 de mayo. El sol lucía en una mañana radiante y espléndida y nos describe las ciudades que va viendo, la campiña, la sierra y el paisaje hasta llegar a Granada.

De nuevo vamos a recordar esa misma ruta que él siguió, pero esta vez cambiando el caballo por el automóvil, también con poco equipaje pero, como ellos, provistos de buen humor y una clara disposición a pasarlo bien.

SEVILLA

«Olor a cera, hondura en el cante, sabor dulce»

Comenzamos por Sevilla (*Išbiliyya* en la cultura andalusí), ciudad universal en el pasado y en el presente, ciudad diversa: hay una Sevilla multicolor y alegre por sus ferias y fiestas; una Sevilla barroca y emocionada en su Semana Santa; una ciudad cosmopolita por el trasiego de gentes de todo el mundo; una ciudad que huele a azahar en primavera y a jazmín en las noches calurosas del verano.

FIESTAS Y TRADICIONES

Tenemos constancia de que el mundo andalusí fue alegre, divertido, amante del cante y del baile. Al menos tenemos conocimiento de las siguientes fiestas: El Ramadán se celebraba en el noveno mes del año lunar y se conmemoraba la revelación canónica. Durante ese mes se leía el Corán, se ayunaba, desde el amanecer hasta la puesta del sol. Los andalusíes creyentes debían abstenerse de alimentos, bebidas, perfumes y relaciones sexuales. La prohibición cesaba a la puesta del sol en que se tomaba un vaso de agua y una sopa «šurba» y al alba, una «ᶜaṣīda». La gran fiesta era la llamada «*ᶜīd al fiṭr*», era la fiesta canónica de la ruptura del ayuno. Esa noche se encendían todas las lámparas de la mezquita, palacios, ermitas y hasta las casas más humildes. La Mezquita Mayor se abarrotaba de fieles, se oraba y los poetas oficiales recitaban sus poesías alabando al sultán.

La segunda gran fiesta religiosa era la de «*ᶜīd al -aḏḥā*» o fiesta de los sacrificios, fijada el décimo día del mes de «*ḏu l-ḥiyya*». El jefe de familia debía proceder a la matanza de, por lo menos, un cordero. Esto suponía para las clases populares motivo de endeudamiento. Ese día se cocinaban platos especiales y el padre de familia regalaba vestidos nuevos a sus esposas e hijas. Por la noche se celebraban fiestas con música y baile. Las calles se llenaban de gente alegre que se arrojaban flores y agua perfumada, y no era de extrañar que alguno tomara una copa de más, lo que provocaba las protestas de los religiosos.

La tercera fiesta canónica, la de «^{c}*ašūrā*», tenía lugar el décimo día posterior a la primera luna del mes de «*muḥarram*». La comida típica para esta fiesta era pollo con tallarines.

De origen persa era la fiesta de «*Nayrūz*», que no se celebraba el primero de marzo, como en Oriente, sino en los primeros días de enero. Era tradicional hacer pasteles en forma de ciudades hechas de pasta de almendras y de harina de flor, o tortas llamadas «*ḥallūn*».

La fiesta de «*Miḥrayān*», también de origen persa, se celebraba el 24 de junio. En patios y corrales se encendían hogueras, había bailes y música de flautas, tambores y sonajas. Incluso se metían caballos en el Guadalquivir.

Sólo las tres primeras fiestas eran consideradas religiosas. Las restantes recibieron influencia pagana, judía o cristiana. Si hacemos un análisis de las fiestas actuales, observamos que también nosotros tenemos fiestas religiosas y conmemorativas. Festejamos la entrada de la primavera o del verano, con recogimiento, cante o baile y, cómo no, con algún plato o dulce específico.

Manuscrito de Hadīṯ Bayāḍ wa-Riyāḍ

LA MÚSICA POPULAR

Si nos referimos a la música popular, podemos dividir a España, de una manera genérica, en dos grandes familias: la de la «jota» (la navarra, la aragonesa, la castellana, la valenciana, etc.) y la de la «seguidilla», representada por la España del Sur (la castellana, manchega, extremeña, andaluza). Las «seguidillas sevillanas» o «sevillanas» parece que tienen su origen en la época ibérica y a través del tiempo han ido evolucionando y perfeccionando su estilo. Se trata de una estrofa de 4 versos, el primero y el tercero de 7 sílabas, y el segundo y el cuarto, de 5. Riman el segundo y el cuarto, quedando libres el primero y el tercero.

Existen distintas clases de sevillanas: las «corraleras» son las más populares, se aprenden de madres a hijas y se bailan en los «corrales» de vecinos en las fiestas de la Cruz de Mayo y fiestas familiares. Las «clásicas» son las aprendidas en las academias. Tienen unos pasos y unas técnicas que hay que seguir. Destacados maestros de éstas han sido, entre otros, Realito y Enrique el Cojo. Las «rocieras» son las que se bailan en la Romería del Rocío y en otras fiestas. Las estrofas ya no tienen versos de 7 y 5 sílabas alternando, sino que se hace con cuatro versos octosílabos. Es tal la influencia de este tipo de sevillanas que las otras formas se están haciendo ya con cuatro versos octosílabos. Las «boleras» se bailan a

Bailando flamenco
Detalles de adornos flamencos

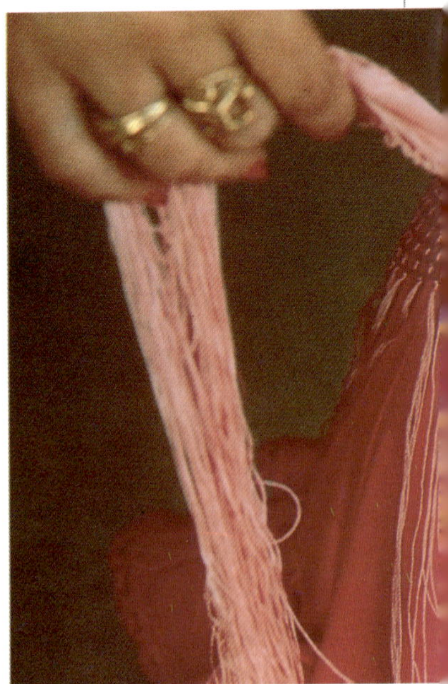

base de saltos y parece que tienen influencias de los bailes boleros cordobeses que se popularizaron durante el Romanticismo. Son muy difíciles de bailar y por ello lo hacen sólo los más entendidos.

Sus temas son: elogio a Sevilla, a la Virgen o al amor. Las sevillanas se dividen en cuatro partes o coplas, y al terminar cada una se canta un estribillo que se repite las cuatro veces.

Andalucía tiene además el «cante flamenco». En un principio fue un folclore de taberna o de barrios bajos, pero en el siglo XIX, en Sevilla, el flamenco se depura en los famosos «cafés cantantes» y pasó a ser un arte universalmente admitido. Más tarde pasó a los escenarios de los grandes teatros con grandes artistas como Pepe Marchena, la Niña de la Puebla, Juanito Valderrama, etc.

Es importante saber que el verdadero flamenco es cante popular andaluz. Muchas de sus variantes o «palos» son muy antiguas. El cante flamenco tiene elementos del canto isidoriano (visigótico) y elementos musulmanes de la cultura andalusí.

El flamenco es la expresión del pueblo en sus diferentes facetas: fiestas, alegrías, penas. Hay «cantes de siega», «serranas», «cante de las minas», «cante de los puertos», etc. También hay cante flamenco de las distintas ciudades: «granaínas», «malagueñas», «fandangos de Huelva».

El flamenco se relaciona también con la vida religiosa. En esta línea tenemos dos géneros «villancicos» y «campanilleros». Igualmente, la saeta que se canta en la Semana Santa. No

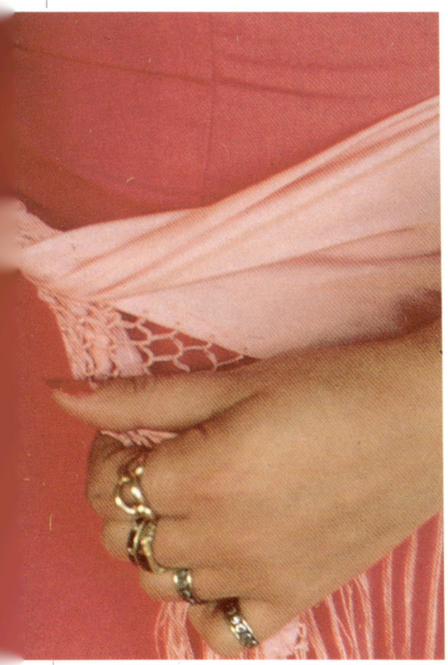

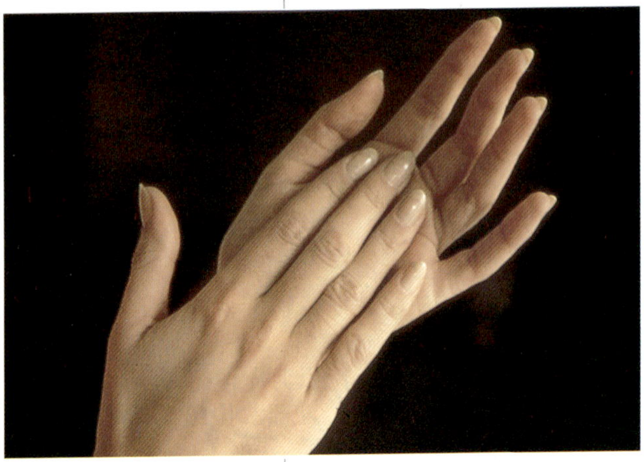

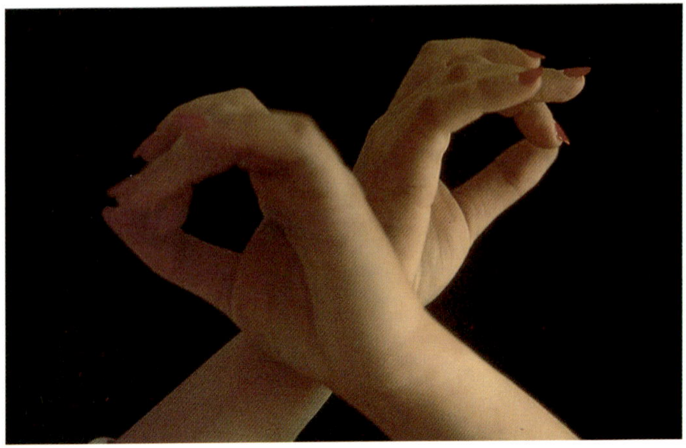

podemos olvidar el género de música popular de las «misas» flamencas, que han generalizado los coros de hermandades.

La llegada de los gitanos en el siglo XV hizo que asimilaran nuestro idioma, pero también nuestro cante flamenco, que modificaron a su estilo formando el «martinete». Es un canto laboral, de fragua, acompañado por el martillo sobre el yunque.

La música andaluza no popular sino culta, pero de raíces populares, tiene en su nómina a dos figuras de fama internacional: el pianista Felipe Campuzano que ha llevado al piano los temas y ritmos del folclore andaluz, y el guitarrista Manolo Sanlúcar, también compositor de guitarra.

Otro género de la música popular es la «canción andaluza». Cada muestra de esta variedad es una pequeña pieza teatral con su propio argumento: la cantante tiene que interpretar la canción para comunicar al público la emoción de la letra. Este género tiene compositores famosos como Quiroga, Solano, Manuel Alejandro, etc., letristas como Rafael de León, y cantantes famosas: Juanita Reina, Imperio Argentina, Marifé de Triana, Rocío Jurado, Isabel Pantoja, etc., y otras muchas.

Entre los instrumentos populares con que se acompañan los bailes y las canciones hay que citar las «castañuelas», instrumento que comenzó como productor de ruido rítmico y posteriormente ha llegado a convertirse en un instrumento de concierto, llegando a actuar como solista en una orquesta sinfónica. La castañuela que se coloca en la mano izquierda emite el sonido más grave y fuerte, marca el compás y recibe el nombre de «macho», en tanto que la castañuela de la mano derecha produce un sonido más agudo y se utiliza para repiqueteos rápidos, por lo que recibe el nombre de carretilla.

Flamenco:
Palmas
Manos

Se sabe que en tiempos de la cultura andalusí se utilizaba frecuentemente en los bailes el pandero y la pandereta. El uso de ésta queda reducido en la actualidad a las fiestas de Navidad, y el pandero se ha sustituido por las palmas. Otros instrumentos como la caña y el tamboril se utiliza en el acompañamiento de las sevillanas rocieras.

Recorramos nuestra ruta y recojamos los vestigios que de esas fiestas han quedado en nuestros pueblos empezando por Sevilla.

Es posible que no haya una ciudad más conocida por sus fiestas como Sevilla. Si seguimos un orden cronológico, la primera que disfrutamos es la del 5 de enero, víspera de la Epifanía del Señor. Se celebra con una cabalgata de Reyes Magos. Esta cabalgata se debe al poeta sevilla-

Feria de Abril:
Farolillos
Paseo por la Feria
Amazona

no José María Izquierdo, conocido también por el pseudónimo de *Jacinto Ilusión*, que la creó al principio de este siglo. Se sigue celebrando todos los años, organizada por el Ateneo de Sevilla, quien designa a tres personajes conocidos del mundo de los artistas, toreros, industriales, políticos, intelectuales, deportistas, etc., que de algún modo hayan tenido significación en la ciudad durante ese año, para encarnar las figuras de los Reyes Magos. Entre las numerosas carrozas ricamente ataviadas sobresale la «Estrella de la Ilusión» y la de los tres reyes.

Pero quizá la fiesta más importante de Sevilla sea la **Semana Santa**. Resulta imposible imaginar Sevilla sin sus desfiles procesionales. Participa todo el pueblo y su actividad no se reduce a los siete días de la Semana. Se prolonga todo el año a través de las cofradías. Es una de las dos fiestas de primavera que se celebra, dependiendo del calendario litúrgico, entre los meses de marzo o abril. Revive la Pasión de Cristo constituyendo una manifestación de fervor religioso de todo un pueblo.

Pero también es una muestra artística, representada en sus tallas, bordados, orfebrería, flores, cera, palios, varales, etc. Está organizada por las Hermandades o Cofradías, teniendo su

El Consejo General de Cofradías es el que organiza las procesiones, no teniendo presente lo que representa el «paso», ni el día de la semana que sale, sino en función de la antigüedad, orden de salida, recorrido y horario. Por ello no debemos extrañarnos si nos encontramos el domingo de Ramos con un Crucificado.

origen en la Edad Media, cuando las agrupaciones de artesanos (gremios) estaban bajo la advocación de una imagen. Es en el siglo XVI cuando las Hermandades adquieren mayor importancia como reacción frente a las herejías. Actualmente existen en Sevilla más de cincuenta Cofradías que hacen estación de penitencia. Éstas se reparten por toda la ciudad y normalmente se vinculan a un barrio. Están formadas por individuos de distinta clase social e incluso de diferentes etnias como la Cofradía de los Gitanos, en la que llevan conviviendo muchos años payos y gitanos dando una lección de tolerancia.

Cada Hermandad saca a la calle, al menos, dos «pasos», una imagen de Cristo y otra de la Virgen, que representan algún pasaje de la Pasión. Las imágenes son generalmente tallas de grandes escultores: Martínez Montañés, Juan de Mesa, Juan de Mena, La Roldana, etc. son algunos de los artistas más señeros. Si a estos escultores unimos otros elementos como candelabros, coronas, jarras, mantos, túnicas, vemos un desfile artístico completo y de gran magnitud.

Los costaleros son grupos de hombres, en número variable dependiendo del peso del «paso», que se sitúan bajo la «canastilla» soportando sobre su cuello alrededor de setenta kilos

Monaguillo
Mujer vestida de mantilla

durante muchas horas. El ritmo bajo el que desfilan unas veces es lento, otras, rápido; a veces danzan y esto hace que redoblen el esfuerzo. Antiguamente los costaleros eran profesionales, hoy son los jóvenes de las Cofradías los que realizan esta función de manera desinteresada.

Los costaleros protegen sus cuellos con unas bolsas formadas por pequeñas almohadillas llamadas «morcillas», que se enrollan en arpillera y sirven para protegerse del contacto directo con la madera y evitar lesiones en la piel. La «morcilla» se complementa con una arpillera de poco más de 1 m. de largo por 75 de ancho, forrado por uno de sus lados con lienzo usado que se llama costal. Se pliega tres veces hasta conseguir la medida de la cabeza. El equipo se completa con la faja y las alpargatas.

El capataz da las órdenes a los costaleros y se ayuda de otros colaboradores situados en la parte de detrás, todos fuera del «paso» y vestidos con traje negro.

Los desfiles procesionales salen de sus respectivas iglesias y se inician con la Cruz de Guía seguida de los nazarenos, en doble fila, y divididos por tramos, al frente de los cuales figura una bandera o estandarte. Tras los tramos, y delante de cada uno de los «pasos», se sitúa la presidencia, compuesta por los miembros de la Junta de Gobierno de la Hermandad. Junto a ella, los acólitos queman incienso y portan ciriales. Del orden se encargan celadores y diputados.

Tras los «pasos» están los nazarenos que portan cruces y detrás de éstos se sitúan las bandas de música. En las Hermandades o Cofradías tiene gran importancia la jerarquización. Por ello, la colocación dentro del desfile (tarjeta de sitio) está en función de la antigüedad, estando más cerca del «paso» cuanto mayor sea aquella.

Cada procesión tiene unos lugares concretos donde su plasticidad es mayor. Si éstos no se conocen, siempre es interesante ver los desfiles a la entrada y a la salida del templo, donde se crea una atmósfera especial creada por la música, el trabajo de los costaleros, el cante de las saetas, el piropo, el olor a incienso. Todos estos elementos llegan a contener la respiración.

De toda la Semana Santa tiene especial significación la que se conoce en Sevilla por «la Madrugá», que corresponde a la noche del Jueves al Viernes Santo. En esa noche nadie duerme y hacen estación de penitencia las Hermandades de más tradición y popularidad: el Gran Poder, la Esperanza Macarena, la Esperanza de Triana, la de los Gitanos, etc.

La fiesta de Semana Santa va muy unida a la música, rivalizando unas bandas con otras. Ya los niños desde pequeños se enorgullecen de pertenecer a alguna de ellas, y es frecuente encontrarlos durante todo el año ensayando en plena calle, tanto si hace frío como calor.

Las coplas que se cantan en Semana Santa ante los desfiles procesionales se llaman *saetas*. No sabemos por qué se llamó así. Su origen nos es desconocido. Parece ser una derivación de la *toná* que es una modalidad de cante flamenco, cuyas formas constituyen la más remota creación gitano-andaluza que ha llegado hasta nosotros. La procedencia del nombre *toná* (variante fonética de tonada) es muy incierta. Su aparición histórica data de finales del siglo XVIII. Se conocen cuatro especies de *tonás*: el *martinete*, la *carcelera*, la *debla* y la *toná* propiamente dicha. Todas ellas se cantan sin acompañamiento musical alguno y representan la forma inicial del flamenco. Hay otros orígenes de la *saeta*, pero la que se canta en calles y plazas, la flamenca, se deriva de la *toná*.

Las saetas se pueden clasificar atendiendo al tema literario que desarrollan: en este sentido tenemos la saeta-descriptiva, la saeta-laudatoria la saeta-plegaria, la saeta-exhortativa.

Si las clasificamos por su relación con otros cantes vemos: 1º) Saetas derivadas de las *tonás*, 2º) Emparentadas con las *siguiriyas*, 3º) Recitales salmodiados con influencia de los cantos litúrgicos de la Iglesia en los Oficios de Semana Santa. Los grandes saeteros de nuestro siglo son Manuel Torre, Niño Gloria, Pastora Pavón, Tomás Pavón, Manuel Centeno, Manuel Vallejo, y en general los maestros de la *seguiriya* y de las *tonás*.

La Feria de Abril es una fiesta variable que está en función de la celebración de la Semana Santa. Esta feria, de fama mundial, debe su celebración a la propuesta que en 1847 hicieron dos concejales del Ayuntamiento de la ciudad, D. José María de Ybarra y D. Narciso Bonaplata, para la celebración anual de una feria agrícola-ganadera. Aunque no sin protestas por parte de Mairena del Alcor y de Carmona, que se sentían perjudicadas al celebrar ellas también este tipo de feria, la reina Isabel II concede la feria solicitada en 1847.

La primera feria se celebró el 18 de abril de este año, en el Prado de S. Sebastián, a las afueras de la ciudad, hoy excelente aparcamiento en zona céntrica. Sólo el primer año tuvo ese carácter agrícola-ganadero, ya que en el segundo año se le une un carácter de feria, al instalarse tres casetas: la del Casino de Sevilla, la del Ayuntamiento y la de los Duques de Montpensier.

Ya en el año 1850 aparecen totalmente separadas las casetas de la muestra de ganado. Y en el primer cuarto de siglo priva totalmente lo festivo y el recinto ferial es una ciudad artificial con sus calles, su diseño a cuadrícula donde se instalan las casetas.

Las casetas son una versión de la casa sevillana. Se construyen a base de estructuras metálicas y cubiertas con lonas a rayas rojas y blancas o verdes y blancas. En su interior podemos distinguir dos partes: Una exterior, separada de la calle por una barandilla de hierro o madera y que puede ser vista por todos los que transitan por la calle. Esta parte suele estar decorada con macetas, abanicos, cornucopias, espejos, etc. Otra interior, más íntima, que no está a la vista y a la que sólo acceden los que son invitados directamente por los componentes de la caseta. Los sevillanos se trasladan a vivir estos días a las casetas, donde bailan, comen, beben e invitan a sus amigos y se visitan de unas casetas a otras.

Hoy son más de 1.000 el número de casetas. Las hay de grandes dimensiones, montadas por sociedades culturales o profesionales, y pequeñas, en las que se unen las familias o grupos de amigos. La vida en el Real de la Feria comienza al mediodía con el paseo de caballos, que aunque en su origen tenía por finalidad lucir los caballos para que el posible comprador los viera e incluso los montara, hoy representa una manifestación de poder económico y social. Este desfile termina en la tarde y sin que haya lugar para el descanso nos adentramos en la noche. Es entonces cuando millones de bombillas y farolillos se iluminan y comienza el baile, el cante, la alegría, que se extenderán hasta más allá del alba, después de tomar el chocolate con churros.

Toda esta explosión de vida se acompaña del *fino de Jerez* o de la *manzanilla de Sanlúcar* especialmente embotellados para este acontecimiento.

Pero, por si no hubiera colorido con lo descrito, pasamos a ese arco iris que componen los trajes de flamenca.

Este traje de flamenca denominado de «faralaes»,se conoce también como traje de gitana o, incluso, de volantes. De percal u otra tela, se elabora en tonos lisos o con lunares más o menos grandes. Su confección es de talle bajo, con varios volantes a partir de la cadera. Unas enagüillas blancas, vestidas debajo, realzan su voluminosidad y gracia a la caída de la falda. Los adornos con los que se completa son: el mantoncillo, collares, peinecillos, pulseras, zarcillos y flores. Finalmente lleva zapatos de medio tacón con trabilla sujetando el empeine.

Se usa principalmente en las ferias y en las romerías, especialmente la de la Virgen del Rocío, que presenta algún rasgo propio como la falda fruncida. Tanto unos como otros buscan el interés de realzar el cuerpo femenino, ajustando la cintura y destacando las caderas. Todos los años este traje sufre alguna variación, en cuanto al número de volantes, anchura de estos, etc. Su gran colorido y atractivo le ha llevado más allá de nuestras fronteras, siendo considerado, falsamente, en muchos países como el genuino traje español.

La Feria no sólo luce el traje de flamenca. El de amazona, utilizado por la mujer para montar a caballo, representa una indumentaria que no ha sufrido esos cambios repentinos de la moda. Se compone de falda larga negra, camisa blanca con pechera escarolada y chaquetilla corta, también negra, y se completa con botos camperos y sombrero de ala ancha. En el caso del traje de amazona tenemos un equivalente para el hombre. Está compuesto de camisa lisa o con pechera escarolada, pantalones ceñidos negros o grises y chaleco ajustado con chaquetilla corta negra o blanca. Se completa con botos camperos, faja negra y sombrero de ala ancha.

Estos trajes de fiesta, tanto masculinos como femeninos, desempeñan un papel importante en el baile. A parte de su función estética, el traje de la mujer se despliega con gran vuelo en las vueltas y ofrece, por su anchura, libertad a los movimientos de pies y manos.

Esta indumentaria tiene bastante demanda, especialmente en los últimos años, cuando la moda ha llevado el aprendizaje del baile por sevillanas a toda la geografía peninsular. En un principio una serie de talleres artesanales elaboraban la mayor parte de las piezas que los componían, pero hoy son pocos los que sobreviven, a causa de su elaboración en serie, más económica que el trabajo manual.

Las cruces de Mayo constituyen una fiesta que tuvo gran popularidad en los patios y corrales de Sevilla. Posteriormente se fue extinguiendo para cobrar nuevo vigor en nuestros días. En distintos sitios se instalan cruces y se adornan las paredes con macetas y colgaduras como mantones de Manila, que ofrecen gran belleza y plasticidad. Las mujeres se visten los trajes de flamenca y se baila y se canta, lográndose fomentar la solidaridad y la convivencia especialmente entre los barrios de vecinos. Por esos días es frecuente ver la salida por las calles de «pasos», construidos por los más pequeños, después de muchas horas de trabajo a base

Niños con traje andaluz

de lijar las tablas de los embalajes que consiguen en los comercios. Últimanente el Ayuntamiento ha creado unos premios para distinguir las cruces mejor montadas en los barrios y los «pasos» mejor equipados de los pequeños.

El Patrón de Sevilla, S. Fernando se celebra el 30 de mayo. Es día no laborable, que se limita a diversos actos institucionales. Algunas personas suelen visitar la tumba del Santo que permanece incorrupto.

Romería del Rocío. Tiene lugar de jueves a martes de Pentecostés. La ermita de la Virgen del Rocío, también llamada la Blanca Paloma, está situada en las marismas de Almonte (Huelva) a poco más de 80 km de Sevilla. La Hermandad de Triana es la más antigua de la ciudad, pues desde el siglo XIX viene haciendo el camino. Ya entonces se tardaba cuatro días en ir y otros tantos en volver, caminando por arenales con gran incomodidad, lo que suponía una gran penitencia para los romeros. Estos ahorraban durante el año unas pesetas para poder alquilar carretas tiradas por bueyes, que adornaban con cadenetas y flores de papel. En las carretas se cargan los colchones y mantas para dormir al aire libre, además de la comida y la bebida de esos días. El grupo de romeros realiza el viaje a pie o a caballo, junto a su carreta. El hermano mayor y los directivos van delante de la caravana a caballo. Detrás, y en una carreta de la Hermandad entre varales y palio de plata, va el «*Simpecado*» o estandarte de la Virgen. Por la noche se reza el rosario, pero también hay tiempo para la alegría, el cante y el baile. Al amanecer el tamboril y el pito despierta a los rocieros para oír la Misa celebrada por el capellán de la Hermandad y se prosigue el camino de Almonte.

Hoy día, aunque el camino se hace en menos tiempo, también hay lugar para la penitencia. En Sevilla hay tres Hermandades más: el Salvador, la Macarena y el Cerro del Águila.

Cruces de Mayo en el Barrio de Triana

Constituye todo un ritual la salida de las distintas parroquias, atravesando Sevilla, donde son miles de personas las que las acompañan y las que esperan el regreso. Todas las Hermandades tienen una Casa Matriz, de donde salen en procesión por orden de antigüedad para presentarse delante de la Virgen a orar.

El domingo se oficia la Misa Rociera. Al amanecer del lunes se produce el asalto por los cofrades de la Hermandad Matriz de Almonte, saltan la verja que rodea el altar y toman a hombros las andas de la Virgen. A continuación la sacan en procesión entre la multitud de romeros que algunos años ha superado el millón de personas. Una vez terminada la procesión, los peregrinos vuelven a sus lugares de origen.

El número de adeptos a esta fiesta es cada vez mayor. Proceden de todos los lugares de España, incluso del extranjero, como lo constata la existencia de Hermandades del Rocío en Francia y Alemania. Merece la pena asistir a esta romería para asistir al espectáculo de fervor popular no circunscrito a una localidad o región sino algo mucho más universal. Porque es difícil de narrar, es necesario verlo.

Mujeres vestidas de faralaes

En la **Festividad del Corpus Christi** la ciudad se trasforma, aunque sólo sea por la mañana. Es una fiesta religiosa cuyos orígenes se remontan a finales del siglo XIII cuando el papa Urbano IV la instituyó por medio de una bula. En el siglo XIV se le añade la procesión y después del Concilio de Trento adquiere más importancia al dársele el sentido de triunfo de la verdad contra la herejía.

La primera descripción de la procesión data de 1454. En ella se cuenta que la formaban doce mozos de coros con hachas de cera y otros doce con incensarios, cuatro «profetas», veintisiete «cantorcitos» y la «roca», que era una plataforma con ruedas en la que iban actores representando la vida de Cristo. Le seguía la Eucaristía, detrás el arzobispo, los cabildos civil y eclesiástico y la nobleza. Pronto se prolongó la procesión con otros elementos como la tarasca, gigantes, danzantes, que realizaban unos bailes aristocráticos, llamados «*narao*», o populares, llamados «*casasal*». Estas representaciones se realizaban en sencillos tablados, al paso de la procesión o al final. Finalmente en 1780 Carlos III prohíbe estas danzas y representaciones en todas las iglesias de su reino.

Hoy día, eliminados esos elementos profanos, se mantiene la procesión y su carácter festivo. Las calles por donde transcurre ven su suelo cubierto de romero y pétalos de rosas y los balcones se engalanan con colgaduras y flores. Se preparan altares por las calles y todos los comerciantes decoran sus escaparates con motivos eucarísticos. El Ayuntamiento estimula esta fiesta otorgando premios a aquellos que más se han distinguido.

Tras la misa celebrada en la Catedral los *seises* bailan ante la Custodia, y el Alcalde al final del último baile pone, según la tradición, un doblón de oro en los sombreros de los danzantes. El desfile procesional está integrado por cofradías y hermandades, representación del cuerpo diplomático, autoridades civiles y militares, clero secular y regular, cabildo eclesiástico, etc. Desfilan los «pasos» que llevan las imágenes de Sta. Justa y Rufina, S. Leandro, S. Isidoro, S. Fernando, la Inmaculada Concepción de Alonso Martínez, el Niño Jesús de Montañés, la Custodia chica del siglo XVI con el relicario de la Sta. Espina, y la Custodia del siglo XVI, obra de Juan de Arfe. Se dice que esta Custodia fue realizada con el mejor oro venido de América.

La fiesta de la **Inmaculada Concepción** comienza con el despliegue de una bandera concepcionista en la Giralda. Durante la octava los *seises* bailan, así como 12 cantores de la escolanía y 15 músicos. El traje de los *seises* es azul y blanco. Se sitúan delante del altar, se arrodillan y hacen reverencia al Santísimo. Después de colocarse frente a frente en fila de cinco, giran hacia el Santísimo, se arrodillan y hacen otra reverencia, etc. Es un baile que nos

Los seises bailan sus danzas antiguas ante los altares instalados en el recorrido. Las primeras noticias que tenemos de estos pajecillos data de 1508, cuando, en tiempos del rey Fernando III, se nombran unos «mozos de coros» que cantaban y bailaban canciones religiosas. Serán los papas Eugenio IV y Nicolás V los que les den el nombre de seises. A mitad del siglo XVI se les vestía de peregrinos y después de pastores, con cascabeles en piernas y brazos. Más tarde llevan gorras de damasco y sombrero con plumas. Un siglo más tarde empiezan a tocar castañuelas. En la actualidad los seises son diez niños escogidos por su voz y forman parte de la escolanía Virgen de los Reyes. Cantan y bailan en determinadas ceremonias, vestidos con trajes de pajecillos del siglo XVI, con golillas, valones, cabos, puntas, calzón corto, encajes de diferentes colores, dependiendo del tipo de ceremonia en la que vayan a actuar.

recuerda el *minué*. Bailan dos coplas y dos estribillos sonando los crótalos, especie de castañuelas, durante diez minutos.

Es costumbre que en la noche del 7 al 8 de diciembre se celebre un acto en la plaza del Triunfo frente al monumento de la Inmaculada. A él asisten las tunas de la ciudad y gran cantidad de jóvenes para homenajear a la Virgen.

En Sevilla son muy típicas las celebraciones de fiestas en los barrios llamadas «*velás*», generalmente asociadas a algún santo. Quizá la «velá» de mayor tradición sea la de Santiago y Sta. Ana, que se celebra en la barriada de Triana a finales del mes de agosto. Esta fiesta tuvo su origen en las peregrinaciones que desde el siglo XV se hacían en la Iglesia parroquial de Sta. Ana. Con este motivo se instalan casetas en la calle Betis, se celebran actividades culturales y recreativas con manifestaciones musicales, organizándose concursos de baile y cante, siendo la luz, la alegría y la música los ingredientes principales.

Iglesia de Sta. Ana

GASTRONOMÍA

La gastronomía de esta ciudad es amplia como corresponde al protagonismo universal de su historia, pero, aunque la gama de platos internacionales sea importante, nos vamos a centrar en los andaluces, porque creemos que serán los más interesantes para quienes viajan.

Lo original de Sevilla, exportado después al resto de Andalucía, son las «*tapas*», pequeñas raciones de comida, servidas frías o calientes. No hay que olvidar que pueden ser un sustituto del almuerzo o cena cuando éstos se quieren hacer fuera de casa. Existen varias versiones sobre el origen de la «tapa». Parece ser que se trataba de lonchas de jamón, rodajas de salchichón u otro embutido que se utilizaban para tapar la boca de la copa de vino, café, etc. De ahí el nombre de *tapa*.

La variedad de «*tapas*» es enorme: desde un simple plato de aceitunas hasta las espinacas con garbanzos, caracoles, aliños, adobos, «pescaíto» frito, caballitos de jamón (pan frito con jamón frito), serranitos (pan, filete de carne, pimiento frito y jamón) y todo tipo de montaditos. La lista podría ser interminable, si tenemos en cuenta que la misma «*tapa*» es preparada de muy diversas formas en cada bar. Estos suelen tener su «especialidad» que es aquella que mejor preparan. Tanto es así, que se programan «itinerarios» de bares en función del tipo de tapas que deseamos consumir.

En Sevilla como en el resto de Andalucía es típico el «tapear», que consiste en comer, beber, charlar, callejear... Podemos utilizar este sistema para recorrer los barrios, calles y plazas, y, cuando nos agobie el cansancio, reponer fuerzas con una «*tapa*». Se suele acompañar ésta con cerveza, vino, siendo muy popular el «*tinto de verano*» (vino con hielo y gaseosa o soda) por ser una bebida muy refrescante. Cualquier hora es buena para «tapear», pero normalmente se hace al salir del trabajo, al mediodía, de 13 a 16 h, o por la noche, de 20,30 a 24 h (De ahí la cara de sorpresa que pondrán quienes nos visitan desde otras latitudes con estos horarios de comidas).

Entre los platos típicos tenemos el gazpacho. Su origen no está claro, unos dicen que es árabe, otros, semita, basándose en que la Biblia menciona una comida patriarcal de aceite y vinagre; otros, que procede de la «ración de etapa» que los griegos daban a sus tropas: sal, aceite, vinagre y pan. Lo que sí está claro es que formaba parte de la alimentación de las legiones romanas establecidas en Hispania. El gazpacho es un plato de gran valor nutritivo y excelente para combatir las altas temperaturas.

La variedad de gazpachos es amplia, desde frío a caliente, unos le ponen tomate y otros almendras, etc. A través de esta ruta o en otras tendremos la oportunidad de irlos describiendo. El que se hace en Sevilla es el llamado *gazpacho andaluz* y tiene, básicamente, tomate, pepino, agua, pan, pimiento, ajo, aceite, sal y vinagre. El éxito consiste en que ninguno de sus ingredientes destaque sobre los demás. En muchos restaurantes podrás encontrarlo con una guarnición compuesta por trocitos de pepino, tomate, cebolla y huevo duro para que se le agregue en la cantidad que cada cual desee. Se sirve en plato hondo, copas o en cuencos de barro realizados para este uso.

Calle Sierpes
La Campana

Otros platos son los «*huevos a la flamenca*» al horno, en cazuela de barro con verduras y embutidos; «*ternera a la sevillana*» que va mechada con aceitunas, almendras tostadas y un poco de canela; «*cola de toro*» (no confundir con el otro plato muy tradicional en toda Andalucía que es el «*rabo de toro*») y «*pez espada a la manzanilla*». No podemos olvidar entre las comidas típicas de invierno el cocido de garbanzos con habichuelas y calabaza, al que se añade tocino, hueso de jamón, carne de ternera, morcilla, etc. Al conjunto de todos estos ingredientes se llama «*pringá*» y constituye una «*tapa*» deliciosa hasta tal punto que pequeñas empresas familiares viven exclusivamente de la comercialización de la «*pringá*».

Es típico asimismo el pescado frito que se puede adquirir en las freidurías para consumirlo, bien en casa o en los bares. Es una tradición muy antigua que ya se hacía en la Sevilla andalusí, sólo que entonces los pescados eran los propios del río Guadalquivir, como los barbos, o los que entraban procedentes del mar como los esturiones. En la actualidad lo que se vende frito es la pescada, pescadilla o pijota, los calamares, chocos, pulpitos, el cazón en adobo, etc. Normalmente las freidurías abren al atardecer y cierran a las 22 h en invierno, y a las 24, en verano. El éxito de este pescado consiste no sólo en el aceite sino en una tradición muy antigua que se ha legado de padres a hijos.

En Sevilla podemos encontrar también una gran variedad y calidad de mariscos procedentes de Cádiz y Huelva, y degustar el jamón de Jabugo y toda la gama de la chacina serrana. Todo esto puede acompañarse con el *fino de Jerez* o la *manzanilla de Sanlúcar*.

De la cultura andalusí nos ha quedado la afición por todo lo dulce, siendo probablemente Sevilla la provincia que ofrece la dulcería más rica y variada de España: los mostachones de Utrera, los mantecados y polvorones de Estepa, las yemas de Écija son prueba de ello. En la capital existe una dulcería conventual muy importante que elabora los piñonates y torrijas, que se comen en Semana Santa, las yemas de S. Leandro (hechas con yemas, almíbar y limón), los huesos de santos, los pestiños y la crema de castañas. Si el plan horario de nuestra ruta nos lo permite, podemos acercarnos a Castilleja de la Cuesta, donde además de contemplar un bonito pueblo, encontraremos las tortas de aceite, recientemente cocidas, hojaldradas y crujientes. Constituyen un bocado exquisito.

Además de ocupar el tiempo libre en callejear o en visitar sus monumentos, Sevilla ofrece una amplia gama de posibilidades: podemos acercarnos al

Jamón Serrano

Embarcadero de la Torre del Oro

Teatro de la Maestranza, donde se representan óperas y se interpretan conciertos; al Teatro Central de la Cartuja con representaciones de vanguardia, o asistir a algún espectáculo flamenco en el Patio Sevillano o en Los Gallos. Si nada de esto nos seduce, podemos dar un paseo en barco por el Guadalquivir. Al pie de la Torre del Oro nos darán todo tipo de información. Se puede también pasar el día en el Parque de los Descubrimientos de la Cartuja,

recinto donde se celebró la Exposición Universal de 1992. Este lugar ofrece entretenimiento desde la mañana hasta altas horas de la noche.

Los aficionados a los deportes podemos asistir a algún partido de fútbol del Sevilla o del Betis. Para equitación, dirigirse a Hípica Puerta Príncipe en la carretera de Utrera, km. 11,5. Para jugar al tenis «Piscinas Sevilla» cuenta con buenas pistas que se pueden alquilar. Y si la temperatura es insoportable, el parque acuático «Guadalpark» está abierto de mayo a septiembre. Si nos gustan las corridas de toros, no olvidemos que en Sevilla está la «catedral» del toreo, la plaza de la Maestranza, que si bien no es la más grande, sí es la de mayor tradición. Las corridas más importantes tienen lugar en la Feria de Abril, pero también se pueden contemplar en septiembre coincidiendo con la fiesta de S. Miguel.

ARTESANÍA

Alfarería y Cerámica

Las primeras referencias que tenemos de la aparición de la cerámica en Sevilla datan del Neolítico y existen restos de cerámica de las distintas etapas históricas. Pero no cabe duda que es en el período andalusí cuando la cerámica alcanza gran belleza, al introducirse nuevas técnicas de fabricación y decoración, como la técnica de cuerda seca, la de reflejo metálico y la de cuenca o arista. Esta última pertenece al siglo XV, y al mismo tiempo se inicia en Sevilla la cerámica pintada, con gran policromía, introducida por el italiano Niculoso Pisano, conocida también como cerámica «*pisana*», muy parecida a la cerámica de Talavera.

Las diferentes técnicas, que se han conservado hasta nuestros días, las podemos agrupar en:

a) Producción alfarera o de cerámica en basto.

b) Azulejería y cerámica vidriada policromada.

c) Loza estampada de influencia inglesa.

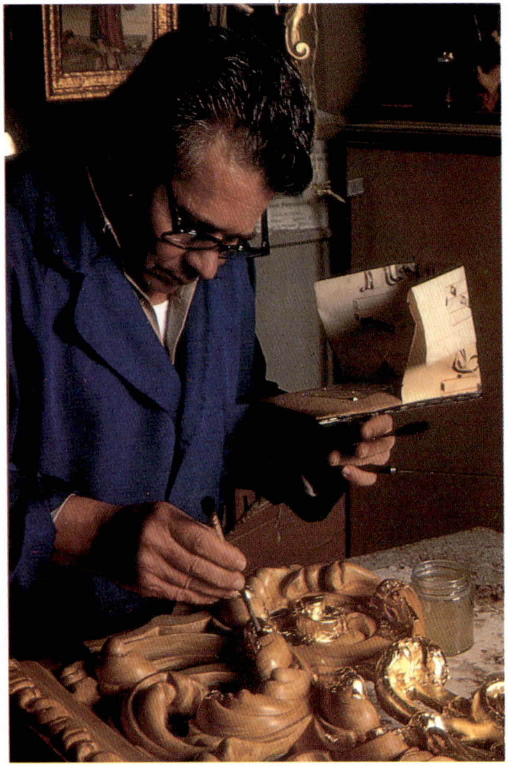

Para el primer grupo tenemos que salir a los diferentes pueblos para tener la oportunidad de contemplarla a través de nuestra ruta.

Del segundo grupo Sevilla tiene una gran muestra, principalmente en el barrio de Triana, de donde toma el nombre su cerámica. El azulejo sevillano ha tenido gran evolución de acuerdo con la técnica utilizada. Entre los siglos XII y XIV se emplea el alicatado, y, posteriormente, la cuerda seca y la técnica de cuenca o de arista. En el siglo XVI es el azulejo plano o pisano el que se impone, coincidiendo con la moda renacentista. De este tiempo podemos admirar dos retablos en el Alcázar y en la portada de la Iglesia de Sta. Paula. Al final del siglo XVI será Cristóbal de Augusta el que introduce en los zócalos de los salones de Carlos V y también en el Alcázar un estilo entre italiano y flamenco.

El tema más frecuente es el de las flores, desarrollándose cada uno en un sólo azulejo, en cuatro o en dos de los llamados «por tabla», aunque esto se utiliza en temas heráldicos. Para los amantes de los azulejos, recomendamos que no se pierdan el Palacio del Marqués de Tarifa, más conocido con el nombre de **Casa de Pilatos**. Allí puede admirarse una extensa muestra de gran calidad y variedad de temas.

En el siglo XVII se realizan grandes cuadros con temas religiosos para decorar las fachadas de las iglesias. Del XVIII es característico el azulejo de «montería», última aportación de la azulejería sevillana.

Actualmente son varios los talleres que han recuperado la cerámica sevillana de los siglos XVI, XVII y XVIII, como el «Taller de cerámica», ubicado en la calle Águilas. Se dedica a la reproducción de piezas de los siglos XVII y XVIII, inspirándose en los zócalos del convento de la Encarnación de Osuna y en piezas conservadas en el Museo de

Artesanos:
- *Ángel de la Feria Rodriguez*
- *Carlos Valle*
- *Mª de los Ángeles*
- *Espinar Díez*
- *Cerámicas Sevilla*
- *José Zapata*
- *Alfombras*

Utiliza la técnica de cuerda seca que consiste en perfilar el dibujo, en un plato por ejemplo, con un pincel muy fino, usando la mezcla de grasa y bióxido de manganeso. Se rellena con óxidos de distintos colores. El trazo grueso impide que los diversos colores se mezclen. Se cuece la pieza. Los esmaltes van mezclados con distintos fundentes para no alargar el número de cocciones, ya que algunos colores, como los rojos y los naranjas necesitan menos tiempo para fundirse, que los verdes o azules.

Artes y Costumbres de Sevilla (Parque de María Luisa). Reproducen azulejos, platos y jarrones, cuidando mucho los tonos azul, amarillo, naranja y morado.

Talleres tradicionales de Sevilla son «Cerámica Sta. Ana», en Triana, donde se puede visitar sus dependencias y ver el trabajo de los artesanos confeccionando las piezas; «Cerámica Altozano» y «Cerámica Montalbán» entre otros. Todos ellos son especialistas en azulejos sevillanos, fuentes y bancos para jardines.

Ubicado en un pueblo cercano a Sevilla, **Sanlúcar La Mayor**, se encuentra «Cerámicas Sevilla», uno de los talleres en los que la labor de investigación se ha tomado como objetivo principal. Se pretende recuperar diseños tradicionales de la cerámica andalusí, como platos con reflejos metálicos, y la cerámica renacentista, donde sobresale el azul y el amarillo rodeando distintas efigies. Hay que destacar que es de las pocas fábricas actuales que decora todas sus piezas a mano, y sin que exista la serie, al no haberse introducido la decoración por xerigrafía.

La técnica de cerámica vidriada polícroma, pintada a mano, sigue el siguiente proceso: Una vez cocida la pieza, se baña en vidrio opaco y seguidamente pasa a los pintores, que proceden a su decoración con temas vegetales y animales. Se realizan en tonos pasteles, utilizando óxidos con agua. Se pasa de nuevo al horno para que se fundan los óxidos.

En Santiponce podemos contemplar la fábrica «Mensaque Rodríguez». Se elaboran azulejos lisos con la técnica de cuenca o arista, pero pintados a mano y destinados a la decoración en arquitectura.

También es importante la elaboración en barro de imágenes populares, como la Virgen de los Reyes o del Rocío. Después se pintan a mano. Igualmente ocurre con la producción de macetones, fuentes, etc.

Ha ido adquiriendo cada vez más importancia en Sevilla la cerámica con diseños nuevos de jóvenes artistas. Es el caso de Pepa Rubio, que trabaja con arcilla, hierro y metacrilato. O de Catalina Caravaca de Juan, que emplea arcilla, gres y porcelana.
De loza estampada, de influencia inglesa, no podemos dejar de hablar de «La Cartuja de Sevilla», fábrica fundada en 1839 por el inglés Carlos Pickman, que llegó acompañado de 56 maestros ingleses para que enseñaran a los sevillanos su técnica. La factoría se ubicó en un principio en el Monasterio de Sta. María de las Cuevas, que había sido habitado por la Orden de los Cartujos, lo que hizo que tomara este nombre la cerámica. Actualmente se encuentra situada en la carretera de Extremadura. Además de la estampación ha introducido la xerigrafía.
Utiliza como decoración central una arquitectura fantástica, orientalizante, o la flor de lis. La producción se dedica especialmente a las vajillas, pero también fabrica maceteros, jarrones, lámparas, etc. Sus piezas han sido elaboradas desde la técnica andalusí de cuerda seca hasta loza pintada a mano.

Artesanía textil

El tejido.- Se sabe que en la Sevilla andalusí fue importante la fabricación de tejidos de seda y la existencia en los siglos XV y XVI de gremios de sederos y terciopeleros. Cuando, a consecuencia de la decadencia económica del siglo XVII, el hilo de oro empezó a escasear, Sevilla siguió siendo una potencia sedera. En la actualidad ha desaparecido, pero ha perdurado el tejido de alfombras, como las que se tejen en el taller de «Diana», que trabaja con algodón, yute y lana, con un total de ocho telares de alto lizo.

Vista antigua de la fábrica de La Cartuja

Son importantes los talleres de confección de trajes de flamenca y de sus complementos. Aunque hoy tienen que competir con la confección en serie, siguen existiendo talleres como el de «Esperanza Gutiérrez», en Sevilla, que trabaja con raso, popelín y organdí. Diseminados por los pueblos de los alrededores se encuentran diversos talleres con trabajo todo el año, habiendo traspasado incluso las fronteras de Andalucía la fama de estos trajes.

Los bordados.- Tenemos noticias ciertas de la existencia de bordados en la Sevilla andalusí, pero habrá que esperar a 1433 para que los bordadores se agrupen en gremios, redacten unas ordenanzas y comiencen a trabajar de forma organizada.

Cerámica de Sanlúcar la Mayor

Bordados Foronda

De los tres focos más importantes, Sevilla, Barcelona y Toledo, que existieron en el siglo XV, es el primero el que conservó más relevancia por su proyección a América, porque no sólo exportó bordados sino también bordadores. Nombres como Sebastián de Sicilia, Pedro de Mesa, Diego de Cepeda, etc. han aportado obras difíciles de olvidar. La Catedral de Sevilla y los templos de la ciudad guardan grandes muestras de estos bordados.

En el siglo XIX van desapareciendo los gremios y surge otro tipo de organización: los talleres de bordado. Es en este siglo cuando comienzan a resurgir los bordados, debido a la importancia social y política de las cofradías y hermandades de la Semana Santa, que serán los grandes patrocinadores de estas obras de arte. En la actualidad se pueden distinguir tres tipos de talleres de bordado:

a) El taller empresarial dirigido por un maestro que posee una plantilla de bordadoras a sueldo.
b) Los talleres familiares, donde sólo trabajan las mujeres de la familia.
c) Los talleres conventuales integrados por religiosas.

El proceso del bordado comienza con la realización del diseño. Los diversos motivos que lo componen se tejen uno a uno en pequeños bastidores, recortándolos posteriormente y aplicándoles cola por la parte trasera para darles consistencia. Si van a ser fijados sobre mallas,

se forran previamente. A continuación en un gran bastidor, donde se habrá dispuesto el terciopelo o la tela de la prenda a bordar, marcamos el dibujo y procedemos a superponer los motivos bordados y acabamos bordando en el terciopelo las partes más finas del dibujo. Se remata con las aplicaciones de marfil o talla, tales como cabecillas de angelitos, que normalmente llevan los mantos o los palios.

Los materiales que se utilizan para los bordados son: el hilo de oro, aunque no es de oro sino de plata dorada o cobre dorado. El tejido puede variar pero generalmente es terciopelo.

De todos los instrumentos, dedal, tijeras, agujas, es el bastidor el más importante. Está formado por listones de madera horizontales y verticales y en él se extiende el tejido totalmente tensado.

El bordador Juan Manuel Rodríguez Ojeda fue el realizador, ya en este siglo, de bordados tan importantes como el del palio de la Virgen de la Macarena, una de las obras más prestigiosas que se pasean por las calles de Sevilla en la Semana Santa. Su obra ha sido continuada por su sobrino José Guillermo Carrasquilla. Igualmente gozan de actualidad e importancia en el bordado religioso los sobrinos de Esperanza Elena Caro, y el de Fernández y Enríquez, establecidos en Brenes.

Bordados de Villamanrique de la Condesa (Mª de los Ángeles Espinar)

Debemos mencionar igualmente el «Taller de Bordados Sta. Bárbara» donde se trabaja con hilo de plata dorada, confeccionando insignias, palios, sayas y «simpecados». Una bordadora, Carmen Martín, fue quien restauró la saya de la Macarena.

El monasterio de Sta. Paula se dedica a la confección de ornamentos litúrgicos: paños de altar, casullas, dalmáticas, etc. El convento de Sta. Isabel confecciona túnicas y capas para cofradías y hermandades.

En el bordado no religioso destaca también por su importancia en Sevilla el trabajo en seda, que las mujeres bordaban en sus casas, tanto el blanco como el de colores (llamado tamizado). En esta faceta del bordado destacan en la actualidad los mantones de Manila, una de las prendas más tradicionales de Sevilla, no sólo por el uso que de ellas se hace, sino porque es la prenda donde se ha popularizado su artesanía.

Deben su nombre a la ciudad en la que se adquirían, Manila, este tipo de mantones que llegaban a España. En realidad procedían de China, especialmente de Cantón, de donde eran importados por mercaderes filipinos que posteriormente los vendían a los españoles. Cuando España pierde la colonia de Filipinas, era difícil conseguir estos mantones y es cuando aparece esta artesanía en Sevilla, imitando incluso los modelos: chinas, pájaros exóticos, etc. Hoy los diseños se basan en rosas grandes, pájaros, flores, etc. cubriendo todo el espacio. Existe un modelo llamado *isabelino* en el que aparecen bordadas las esquinas, quedando el centro libre.

Hay talleres en Sevilla como los de «Ventura y Casas» y «Foronda», el de «María de los Ángeles Espinar», en Villamanrique de la Condesa, o el de «Fernández y Enríquez», en Brenes. Una artesanía derivada de los mantones es la de los «flecos», siendo especialista en ellos el pueblo de Cantillana.

Por último debemos mencionar, dentro de la artesanía textil, los «*borlajes*», adornos de la cabeza y cola del caballo. Es una labor manual realizada con algodón, lana y seda. Sólo la confeccionan artesanos a tiempo parcial, como es el caso de la familia Alvar situada en la calle Francos de Sevilla.

Orfebrería

Desde tiempos muy antiguos, utilizar el bronce con fines artísticos ha tenido gran importancia en Sevilla. Tenemos un ejemplo en la escultura de la diosa Astarté, encontrada en el Cerro del Carambolo, fechada en el siglo VIII a.C. Pero será en la cultura andalusí cuando alcance gran esplendor. De tiempos de ᶜAbd al-Raḥmān II es la puerta principal de acceso a la Gran Mezquita de Sevilla. Ambas hojas están recubiertas de bronce, así como sus aldabones. Todo ello es de bronce fundido y cincelado con decoración de lazo. También almohades son los batientes de la Puerta del Perdón, en la Catedral de Sevilla. Si tenemos la curiosidad de acercarnos a este lugar, contemplaremos que la aldaba no es la original y, si somos un poquito observadores, localizaremos una inscripción de quién y cuándo realizó dicha copia.

Aldaba de la Puerta del Perdón

Los motivos decorativos introducidos por la cultura andalusí perduraron mucho tiempo. De los siglos XVI y XVII son las piezas más antiguas que poseen las cofradías sevillanas, como las peanas de plata del Gran Poder y del Silencio. Después de unos siglos de decadencia vuelven a surgir de nuevo en el siglo XX, debido, por una parte, a las peticiones cofradieras, y, por otra, a la aparición de un gran orfebre, Cayetano González, considerado como el padre de la orfebrería actual. Hoy día, debido a los costos de la materia prima, se ha perfeccionado el empleo del latón, que se dora, o el de la alpaca, que se platea.

Los instrumentos empleados en la orfebrería no han variado mucho. Se siguen utilizando los de siempre, a lo sumo, se ha introducido la electricidad en máquinas que antes eran manuales.

Entre las técnicas más usadas podemos señalar:

El **cincelado**. Una vez pasado el dibujo a la pieza de metal, consiste en aplicarle pez blanda por su reverso y adherirla al soporte situado sobre el banco de trabajo. Se trabaja con el cincel adecuado, recto o curvo, según nos lo pida el dibujo y se marcan todos los trazos sin llegar a dar volumen.

El **repujado**. Es la técnica para dar relieve, por el reverso de la pieza, al dibujo señalado previamente.

El **grabado**. Consiste en trazar los caracteres de un dibujo directamente sobre el metal. Normalmente se hace con un buril.

Podemos señalar como orfebres destacados en la actualidad, entre otros, a Fernando Marmolejo, Jesús Domínguez, Juan Antonio Borrero, Manuel de los Ríos, etc.

La importancia en Sevilla de la orfebrería religiosa hace eclipsar, de alguna manera, la de algunos artesanos jóvenes, como Enrique Fernández, que trabaja el latón y la alpaca, creando sus propios diseños en lámparas y espejos. Actualmente se está recuperando el trabajo de esmaltes al fuego, realizados sobre láminas de cobre y plata. Destaquemos también el empleo de cristal, estaño, hojalata y latón en la fabricación de faroles sevillanos y apliques por la creciente demanda experimentada en los últimos tiempos.

Aviso para los que somos amantes de las rejas: estamos en la ruta donde mayor número de manifestaciones de estos ejemplares vamos a encontrar, no sólo en edificios religiosos, como la Capilla Mayor de la Catedral, sino también en edificios civiles, como la Sala de Embajadores del Alcázar. Y si paseamos por el centro de la ciudad, observaremos verdaderas maravillas en cancelas, balcones, ventanas, etc. Todos ellos tienen como elementos decorativos desde el roleo o doble voluta, muy característico de la rejería popular, hasta líneas más rectas. La forja del hierro sigue viva en Sevilla, en Carmona y en Marchena por no citar más pueblos. En estos sitios vemos cómo las casas invaden el espacio de las aceras al adelantarse las rejas de los balcones y ventanas (por desgracia, los actuales trazados de las carreteras evitan la entrada a las poblaciones, de modo que lo ganado en tiempo es perdido en conocer de cerca la arquitectura popular).

Corona (Manuel Seco Velasco)
Busto (Fernando Marmolejo)

La imaginería

Paralelas a la importancia que la Semana Santa tiene en Sevilla corren la evolución y tradición de su imaginería como puntales más señeros de España. Poseemos datos de las primeras imágenes, como la Virgen de las Batallas, labrada en marfil y perteneciente al siglo XIII. La imaginería adquiere gran auge entre los siglos XVI y XVII debido a que su principal cliente es la Iglesia. Es entonces cuando ésta multiplica el número de templos y se encargan retablos como el de la Capilla Mayor de la Catedral. En él trabajan artistas nacionales y extranjeros, que realizan verdaderas obras arquitectónicas con calles, pisos, columnas, imágenes individuales y de escena, etc.

También empiezan a aparecer los «pasos», con gran trabajo de talla. El italiano Torrigiano va a ejercer una gran influencia en el siglo XVII, la gran época de la imaginería barroca de Sevilla, con la promoción de escuelas propias. Aparecen los insignes imagineros Martínez Montañés, Juan de Mesa, etc. autores de muchas imágenes que hacen actualmente la estación de penitencia. Siguen la tradición en el siglo XIX los imagineros Duque Cornejo y Antonio Susillo. Más tarde, en 1936, Castillo Lastucci reconstruyó la imagen de la Esperanza de Triana. En la actualidad los imagineros siguen inspirándose en los modelos de las escuelas clásicas. Talleres importantes son los de Carlos Valle, Manuel Guzmán, Antonio Díaz, Antonio Martín, etc.

La técnica que se sigue se inicia con el trazado sobre el papel de la figura que se va a realizar, modelándose después en barro, de donde se tomarán las medidas para trasladarlas a la madera. Normalmente esta operación se hace con una máquina, especie de cruceta, cuya invención se atribuye a Leonardo da Vinci. Este artefacto permite «sacar puntos» que llevados a la madera nos dará volúmenes y formas, huecos y profundidades. Una vez concluida esta operación, comienza la fase de talla, por medio de gubias y formones.

Cuando las piezas se tallan por separado, se unen después por el procedimiento llamado ensamblaje a espiga, consiguiéndose uniones perfectas. Una vez tallada la imagen se aplica con pincel una arcilla o bol que tiene como finalidad servir de base al pan de oro y dar brillo a la imagen. El pan de oro se aplica con la «pelonesa» y se fija con agua y alcohol. Posteriormente se procede al «bruñido», operación que se realiza con una punta de ágata embutida en un mango de madera y tiene como finalidad sacar brillo final.

La última fase la constituye el estofado, técnica que consiste en policromar la imagen con pintura al temple (sobre el dorado), utilizando colores fuertes y vivos con el fin de que destaquen. Cuando están secos, la superficie pintada se va rallando con un palillo, haciendo dibujos de hojas, figuras geométricas, flores, etc. Esto hace que se elimine el color y quede al descubierto el oro. Por último se barniza y se le da pátina de nuevo.

En otro terreno del trabajo de la madera hay que añadir que en Sevilla hubo un mueble típico sevillano, que hoy ha dejado de fabricarse en la ciudad. Se trata de un mueble policromado con los colores rojo o verde como base y sobre ella se decoraban flores y otros motivos vegetales. Lo más representativo eran mesas y sillas de madera torneada y asientos de anea con respaldo de tablillas pintadas y terminadas en dos penachos.

Instrumentos musicales

Aunque la guitarra se confecciona a través de procedimientos industriales, en Sevilla se sigue utilizando el método artesanal puro. La evolución técnica de este instrumento se ha gestado en Andalucía, siendo su principal impulsor el sevillano Antonio de Torres, del que se derivan las distintas escuelas existentes en España y creador de la guitarra actual. En la actualidad hay tres talleres, al menos, en Sevilla, entre los que se encuentra el de Francisco Barba, con su establecimiento en la calle Arroyo, 20. Su formación es la de un autodidacta, siendo perfecta la terminación de sus piezas.
Otra actividad de construcción de instrumentos musicales es la relativa a las castañuelas. En Sevilla solamente existe un taller, el de Manuel Vela Martínez, en la calle Bordadores, 3-5ºC. Utiliza para su fabricación la madera de cerezo.

ALCALÁ DE GUADAIRA

Saliendo por la autovía Sevilla-Granada, a sólo 15 km nos encontramos en Alcalá de Guadaira, del árabe *qal*^{c}*a* «fortaleza» y *wādī Šīra* «río de refresco». Aunque se han encontrado restos griegos y romanos como el puente de piedra sobre el río Guadaira, será con la cultura andalusí cuando alcance gran esplendor, al convertir esta villa en el importante granero de Sevilla.
Tradicionalmente ha vivido de la agricultura, pero su fama le viene de una industria derivada de ella, el pan, de tal modo que se le conoce con el sobrenombre de *Alcalá de los Panaderos*. Los molinos para moler el grano, en su mayoría mudéjares, ofrecían a Alcalá una fisonomía peculiar. Muchos han desaparecido y otros han sufrido diversas modificaciones. Todavía podemos ver algunos de ellos en la orilla del río Guadaira ya que utilizaban sus aguas como elemento motriz. Sus nombres son S. Juan, Aceña, La Tapada, etc.
Muchos de sus edificios conservan una arquitectura tradicional, lo cual, unido a los bellos paisajes que muestra, ha originado una zona residencial habitada por muchos sevillanos que buscan el descanso lejos del ajetreo de la ciudad.

La guitarra

La construcción artesana es un proceso lento que lleva aparejado el trabajo aproximado de un año. La labor del artesano requiere dominar varias técnicas como son la ebanistería, el barnizado y la marquetería, además de poseer algunos conocimientos de música. El trabajo comienza elaborando por separado las distintas piezas, generalmente en invierno, para que cuando la temperatura alcance grados más altos, se monten y se barnicen, ya que en la época estival es menor la dilatación de la madera.

Una buena guitarra debe estar integrada por cinco tipos de madera: el mástil es de cedro real, el diapasón (sobre el que se montan los trastes), de ébano, el puente, de palo santo, el fondo y los aros de ciprés (si la guitarra es de tipo flamenca) o de palo santo (si es una guitarra clásica). Las tapas suelen ser de abeto alemán o cedro del Canadá. La guitarra flamenca suele tener la caja menos profunda que la clásica. El encolado de las piezas es muy importante, ya que un exceso del mismo repercutiría en la sonoridad.

En la tapa destaca la incrustación que se realiza en la zona de la boquilla, en el contorno de la boca de resonancia. Es un finísimo mosaico formado por minúsculas piececitas de sicómoro en su color natural o teñidas en rojo, verde o negro. Pero quizás la labor más importante sea el encastrado, ya que de la exacta colocación de los trastes sobre el diapasón va a depender la precisión de los sonidos que puede producir cada cuerda. Los trastes suelen ser de alpaca, bien en su color natural o dorada. En último término se coloca el clavijero que tiene como finalidad tensar las cuerdas. El barnizado, aunque se puede hacer de forma industrial, es mucho más bonito el realizado a muñequilla. Se trata de una especie de muñón de tela de hilo de algodón con el que se aplica el barniz hecho con escamas de goma laca disuelta en alcohol de 96°. Se alternan con unos toques de polvo pómez para ir cerrando los poros de la madera.

Taller de guitarras de Francisco Barba

FIESTAS Y TRADICIONES

Los **Carnavales** constituyen una fiesta recuperada a partir de 1984 y cada año se celebran con más entusiasmo y participación de sus vecinos, organizándose concursos de comparsas y chirigotas. El Domingo de Carnaval se hace el pregón y se procede a la coronación de la *Panadera*, mujer que preside todos los actos oficiales de estas fiestas. Con ello se realiza un homenaje a la mujer trabajadora del tradicional Alcalá de los Panaderos. En este día se celebra la *Comida del Hornazo*. El Viernes de Carnaval se dedica al *Toro de Fuego*. El Sábado de Carnaval es el Día del Disfraz con concursos y bailes. El último día, el Domingo de Piñata, se organizan cucañas y otros concursos de humor. Por la tarde, gran Cabalgata de Carrozas, grupos de disfraces, comparsas y chirigotas, recorren las principales calles de la ciudad, finalizando las fiestas con fuegos artificiales.

Era tradicional celebrar la **Feria y Fiestas** en honor de su Patrona Nuestra Señora del Águila en el mes de agosto, dentro del recinto del Águila -donde estuvo encuadrada la antigua ciudad medieval- junto al castillo. Desde el año 1987 cambió de recinto y de fecha, celebrándose en torno al último domingo de junio y junto al Parque Oromana. Este lugar, de gran belleza natural, ofrece una amplia zona de aparcamientos junto al Real de la Feria, que con sus casetas, farolillos y flamencas sigue la misma línea que la que hemos descrito en Sevilla.

El domingo más próximo al día de **S. Mateo**, 21 de septiembre, la Asociación del mismo nombre organiza una romería con motivo del Patrón de la ciudad. Carrozas adornadas al estilo andaluz, caballistas y romeros se dan cita en un pinar de las afueras de la ciudad.

GASTRONOMÍA

Lo más importante es el pan que se hace en distintas variedades y tiene tal fama que existe una *Ruta de la Tostá* en bares como el «Palacio de la Tostá» en la calle Gandul o en la «Cafetería S. Joaquín» en la Plaza Cervantes, etc. Es típico el «sopeao», plato elaborado a base de sopas en agua a la que se añade rábanos, pepino, tomate, lechuga y huevo duro, aliñándolo con aceite y vinagre al gusto.

El guiso de «papas a lo pobre» es otra especialidad que, a pesar de su sencillez, está exquisito. Está cocinado en un refrito de ajo, pimiento y cebolla, al que se le añaden las patatas troceadas, dejándolo cocer lentamente. En el restaurante «Pinichi», calle Orellana, 35 se ofrece la especialidad de codornices con arroz, que aconsejamos probar.

En repostería destacan las «bizcotelas rellenas», las tortas de Alcalá, el tocino de cielo, las torrijas, las yemas de Alcalá y los exquisitos dulces del Convento de las Clarisas.
En el campo de las «tapas» existe una gran variedad de ellas, desde las «cabrillas» y caracoles hasta la «pringá».

ARTESANÍA

Se trabaja la cerámica de decoración tradicional y la de diseño. Ésta se elabora en Guadarte S. A., C/ Camino de Cuchipanda s/n. La talla en piedra la realiza Waldo Escriba Diseños, S. A., Polígono La Red, Nave 145, calle 4. La forja del hierro la realiza Diego Segura Cabrera, C/ Sargento Vasallo, 13. De gran calidad es el trabajo en joyería, platería y esmalte del «Taller de Artesanía Palomo», C/ Nuestra Señora del Águila, 16, ó el de Francisco Toledo Galán en C/ Marchena, 9

CARMONA

Desde Alcalá de Guadaira la *Ruta Washington Irving* toma la carretera C-432 por Mairena del Alcor en dirección a Carmona, pueblo situado en lo alto de un *alcor* presidiendo una amplia vega bañada por el río Carbones. Es una de las ciudades más antiguas de Andalucía vieja, madura y sabia. Por ella han pasado todas las culturas, dejando una huella imborrable

Alcalá de Guadaira:
Herramientas del marmolista
Bisagra

la andalusí. En esta cultura se reconocía con el nombre de «*Qarmūna*» y nos quedan los restos de su muralla, barbacana y alcázar, entre otros. No olvidar esta ciudad, hagamos una parada en su recorrido, no nos defraudará.

FIESTAS Y TRADICIONES

Los carnavales

Es una fiesta que se celebra en febrero en fecha variable. Durante mucho tiempo estuvo prohibida como en el resto de España. En la actualidad, cada vez más, va recobrando su antigua fuerza. Tiene una duración de tres días, terminando el Domingo de Piñata. El viernes sale la cara-

Vista aérea de los alrededores de Carmona

vana que anuncia los carnavales y se pronuncia el pregón. El sábado las Máscaras recorren las calles y barrios de Carmona y terminan reuniéndose en la plaza de S. Fernando, donde se elige la Musa del Carnaval. Hay bailes populares de disfraces y cantan las murgas y chirigotas. Por la noche se repiten en las casetas los bailes de disfraces. El Domingo de Piñata hay un desfile por la mañana y se organizan bailes de piñatas en las respectivas casetas.

Semana Santa

Constituye una manifestación emotiva de todo el pueblo. Siete hermandades realizan sus desfiles procesionales, haciendo la estación de penitencia en la Iglesia principal de Sta. María. Sus salidas las efectúan desde el Domingo de Ramos hasta el Viernes Santo.

Carnaval. Plaza de S. Fernando

Feria

Se celebra la última semana de mayo, desde el jueves hasta el domingo. Es una imitación de la feria de Sevilla, pero en pequeño. Se instalan farolillos, luces y casetas donde la gente canta y baila por sevillanas. Comienza con una diana floreada y termina con fuegos artificiales.

Otras fiestas

El primer domingo de septiembre se celebra la romería de la Virgen de Gracia. Comienza con la misa de los romeros en la Iglesia de Sta. María. Una vez finalizada, se inicia la romería con el *Simpecado*, saliendo por la Puerta de Córdoba. Llegados a la ermita y celebrada una ceremonia religiosa, irrumpen los bailes y los cantes, y, por supuesto, buena comida regada con vino de la tierra. El regreso se efectúa entrando por la Puerta de Sevilla. Se dan premios a las carrozas y caballistas mejor engalanados.

Las fiestas patronales de la Virgen de Gracia tienen lugar el 8 de septiembre. Están precedidas de una novena a la Virgen en la Iglesia de Sta. María, donde se encuentra provisionalmente. En la plaza se organiza una verbena nocturna. En Barcelona, los emigrantes de Carmona tienen también allí su Hermandad de la Virgen de Gracia y celebran actos conmemorativos por estas fechas.

La romería en honor de S. Mateo tiene lugar el 21 de septiembre y se conmemora la toma de la ciudad por Fernando III el Santo el 21 de septiembre de 1247. Los actos consisten en una misa cantada.

GASTRONOMÍA

La cocina de Carmona es la comúnmente elaborada por los pueblos de la campiña. Entre sus platos típicos se encuentran la ardoria, la ensalada con escarola y pimiento molido, las espinacas con garbanzos, las papas en amarillo con bacalao, etc. Si nos gustan las torrijas, las de este lugar tienen una fama merecida: están hechas con leche, azúcar, corteza de limón, canela, huevo y pan. De exquisito sabor son también las tortas inglesas y el guiso de castañas. Cualquiera de estos productos se degustan mejor con una copa de anís «Los Hermanos», único con tres sabores: seco, dulce y semidulce. La compra de dulces podemos hacerla en el Convento de Sta. Clara, calle Torno de Sta. Clara s/n. El anís se puede adquirir en las bodegas y en cualquier establecimiento de alimentación.

Platos típicos

ARTESANÍA

Alfarería

Aunque en la actualidad ha bajado considerablemente la producción alfarera, sin embargo se siguen fabricando piezas utilitarias pero con una gran originalidad. Se hacen desde tejas y ladrillos hasta macetas, ánforas y cántaros. Curiosamente estos últimos se moldean de una forma muy peculiar: se cierra primero el culo de la pieza y, después de tomar consistencia, se le da la vuelta y se le añade la boca. Con esto se consigue que el grueso del fondo sea el mismo que el de las paredes de la pieza, sin necesidad de raerlo. El secado se hace a la

sombra para que pierda el agua lentamente y evitar la rotura. Seguidamente se pasa a la cocción durante 24 h en un horno de planta circular rematado en cúpula.

Coches de caballos

En esta ciudad queda uno de los últimos talleres de coches de caballos. Su dueño, José María Zapata, más que hacer coches se dedica a la restauración de coches del siglo XIX y de principios del XX. Este trabajo requiere la fabricación de muelles de amortiguación, ruedas, volantes de frenos, etc., lo que supone el dominio de la madera y el hierro. Las maderas utilizadas son de roble, encina, álamo y acacia. También confecciona buenas tapicerías. En este taller se reparan coches de Francia y otros países, así como una variedad de marcas: Milord, Faetón, Chane, Dog-Car, Galera, etc.

Ebanistería

Tiene fama Carmona por la perfección que alcanza en el mueble clásico. Como ejemplo podemos citar al artesano Eduardo Buzón, que aprendió el oficio del tallista Joaquín Daza.

Juan Zapata: Coches de caballos
Eduardo Buzón: Taller de ebanistería

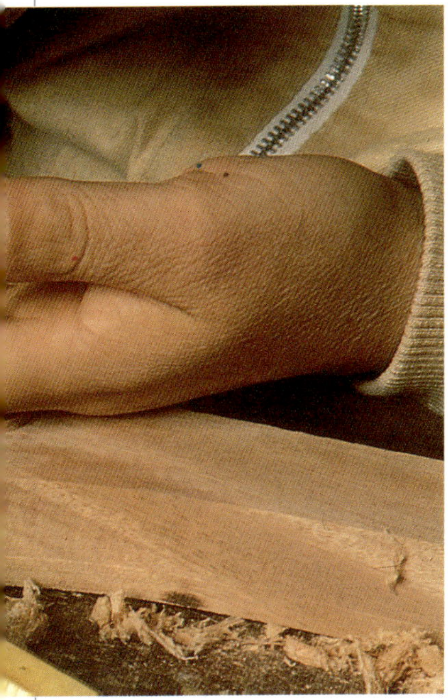

En la actualidad este taller sólo trabaja por encargo, fabricando especialmente el mueble inglés y el francés, y, dentro de éste, el estilo Luis XV. En este taller se ejercen todos los oficios del mueble: desde la talla, marquetería, barnizado a muñequilla, al torneado. Emplea madera de caoba y limoncillo para la marquetería. La técnica de la marquetería procede de la forma siguiente: se traza en papel el diseño a efectuar, calcándose en la madera, después se efectúa una incisión con la gubia siguiendo el dibujo y finalmente se embute el limoncillo que formará la marquetería.

Existen otras actividades artesanales como el trabajo del mimbre, la forja y el bordado.

Para la práctica de la equitación, la hacienda «Los Nietos» dispone de un centro ecuestre que hace las delicias de todos los que practican este deporte, al tiempo que permaneces en contacto con la Naturaleza. Cuando estemos cansados, podemos dirigirnos al Parador Nacional, construido sobre los restos del antiguo alcázar, donde tomando café en su mirador admiraremos una vista de la campiña, difícil de describir (Ver *Cuadernos Azul y Verde* de esta Ruta).

MARCHENA

Dejando atrás Carmona tomamos la carretera C-339, que aunque estrecha tiene buen piso, para dirigirnos a Marchena después de recorrer 27 km. En este viaje podemos seguir admirando la campiña y la aparición de los olivares más espesos. Aunque esta ciudad estuvo habitada desde épocas muy antiguas, será en tiempos de al-Andalus cuando adquiera su propia identidad. Se le llamó *muršāna* que quiere decir «de los olivos».

Nos vamos a encontrar con dos Marchenas: la antigua, rodeada de una gran muralla de cuatro puertas, entre las que destaca la de Sevilla y la de Morón, y la ciudad extramuros, la parte moderna. Las dos ciudades confluyen en el «Arco de la Rosa» (o Puerta de Sevilla).

Es un recreo para la vista el sólo pasear por la ciudad, recorriendo los restos de palacios señoriales testigos de la vida de los duques de Arcos o de Osuna. Hoy vive tiempos de resurgir, después de un largo letargo, dedicada al cultivo de cereales, el olivo y la cría de ganado porcino y vacuno, incluido las reses bravas.

FIESTAS Y TRADICIONES

Como en todos los pueblos de esta comarca, se celebra la cabalgata de Reyes el 5 de enero. En el desfile participan gran número de carrozas engalanadas haciendo las delicias de los pequeños. La Semana Santa de Marchena tiene características especiales, tiene procesiones todos los días de la Semana, pero es el Viernes Santo cuando se celebra la ceremonia del «Mandato». Quizá sea el mayor ejemplo de la perduración de ritos de escenificación teatral de los momentos de la Pasión. La ceremonia tiene lugar en la plaza ducal, donde diversos personajes representan a la Verónica, la fe, las tres Marías, los Santos Varones, Pilatos, los legionarios, romanos y el Angel. Por otro lado, están los «pasos» de Jesús Nazareno, la Virgen de las Lágrimas y S. Juan. Un sacerdote va narrando la Pasión, en forma de drama, mientras los personajes la escenifican. La ceremonia acaba con la bendición de Jesús, por medio de un mecanismo que le permite mover el brazo.

Reviste gran solemnidad igualmente la fiesta del Corpus Christi, de fecha variable. Acompañan a la Custodia tres imágenes de gran valor artístico: S. Isidro Labrador, S. Ignacio de Loyola y la Divina Pastora. La festividad coincide con la «*velá*» popular que se celebra de jueves a domingo con gran cantidad de casetas y luces. Marchena celebra su feria, hacien-

do coincidir su último día con el último domingo de agosto. Sigue el esquema de la Feria de Sevilla: Real de la Feria, casetas, iluminación, paseo de coches y caballistas, concurso de sevillanas, etc. Otra fiesta señalada es la de la Virgen del Rosario, patrona de la ciudad. Se celebra el domingo más próximo a la festividad. La Virgen es sacada en procesión recorriendo las calles durante cuatro horas.
Hay en esta ciudad un personaje ilustre, José Tejada (1902-1976), más conocido con el nombre artístico de *Pepe Marchena*, que, aunque nació en Sevilla, siempre se consideró marchenero, ya que a los 12 años de edad ganó un concurso de flamenco en esta ciudad. Tuvo el mérito de sacar este cante de las fiestas frívolas de los *señoritos* de turno y elevarlo a los escenarios de todo el mundo. Gran maestro donde los haya dignificó los fandangos, el garrotín, la guajira, la milonga, y todo el cante levantino. En esta ciudad se puede visitar un club, que lleva su nombre y en el que se conservan muchos recuerdos

GASTRONOMÍA

La gastronomía de Marchena va unida a sus productos del campo. Por ello no nos debe extrañar que su plato típico sea las espinacas con garbanzos o el salmorejo. Para quienes sean amantes de los dulces, en Marchena hay una gran variedad, que puede adquirirse en cualquiera de los conventos que existen.

OSUNA

A 7 km de Marchena nos encontramos enseguida con la autovía Sevilla-Granada. Siguiendo esta dirección divisaremos, a sólo 14 km, La Puebla de Cazalla. Conviene saber que, cuando se produjo la expulsión de los moriscos de Granada, algunas familias importantes se ubicaron en esta ciudad, por lo que se les tachó a todos sus habitantes de moriscos. Igualmente hay que dejar constancia que es cuna de importantes cantaores de flamenco como la Niña de la Puebla, José Meneses, Diego Clavel y Manuel Gerena.
Siguiendo en la Campiña, pero ya a la vista de las primeras estribaciones de la sierra de Málaga, nos encontramos con Osuna. Ya desde lejos adivinamos su majestuosidad, con la Colegiata y la Universidad, donde estudiaron personajes importantes. Esta ciudad antigua parece recordar a la que está a sus pies el esplendor de otra época. Aun así se le considera la gran capital de la Campiña Sur. Pueden recorrerse sus grandes monumentos y las casas

señoriales de los siglos XVI y XVII con sus espléndidas rejas. Desde su parte alta podremos admirar el bello paisaje de la Campiña.

FIESTAS Y TRADICIONES

La fiesta del patrón S. Arcadio se celebra el 12 de enero y se conmemora con una procesión de la imagen del Santo. La Semana Santa es importante no sólo por la antigüedad de sus «pasos» sino por lo pintoresco y la tradición de alguno de ellos. La «Hermandad del Pellejo», con sede en el Convento de Padres Carmelitas, parece que se fundó en el siglo XIV o XV y hace su estación de penitencia el Jueves Santo. Como fue una hermandad de disciplinantes, los nazarenos llevaban en la antigüedad, bajo el sayal, un pellejo de vino para curar las heridas, y de ahí proviene el nombre. Las procesiones desfilan desde el Domingo de Ramos hasta el Sábado Santo, cuando hace la estación de penitencia el «paso» simbólico de la muerte y que se le conoce con el nombre de «*La Canica*».

Calle típica

Entre los días 13 y 15 de mayo se celebra la Feria que sigue la línea de la de Sevilla, con la instalación del Real de la Feria en los jardines de S. Arcadio y gran profusión de casetas y bombillas. Tienen lugar concursos de bailes, de caballistas y corridas de toros.

El 8 de septiembre se celebra la festividad de la patrona, la Virgen de Consolación, a la que se le dedica una ofrenda floral. El acto es acompañado por la interpretación de la Banda Municipal, resultando un espectáculo de gran plasticidad. Paralelamente se organiza la Feria de Septiembre con actos culturales, deportivos y corridas de rejones.

GASTRONOMÍA

Aunque sencilla, la cocina de Osuna es muy sabrosa. Destacan el cocido ursaonés, las migas, las papas de cerdo, las repapalillas (especie de tortitas de bacalao), el salmorejo (que es una variante del gazpacho). Para prepararlo hacen falta: cuatro dientes de ajo, pan, diez tomates, un huevo, medio litro de aceite, un poco de vinagre y un vaso de agua. Se mezcla todo ello en la batidora y, antes de tomarlo, se le echa un poco de aceite. Se sirve con taquitos de jamón y huevo duro.

En dulces se hacen los gañotes, las gachas de Arcadio, cuya antigüedad data de siglos, y las crestillas.

ARTESANÍA

Es uno de esos pueblos que necesitan ayuda de las administraciones públicas si se quiere que no desaparezca la escasa artesanía que queda. Se trabaja la cerámica en objetos utilitarios como cántaros, macetas, búcaros, etc. Al ser una ciudad que vive especialmente del campo, se trabaja el esparto y la talabartería, confeccionando serones, cestas, aparejos y riendas para las bestias.

Existe en Osuna una escuela de equitación con doma, saltos de obstáculos y marchas hípicas, pudiéndose realizar paseos a caballo por la Campiña. Cuenta con una escuela de ajedrez y de música.

ESTEPA

Dejamos Osuna y volvemos a la autovía Sevilla-Granada, siempre acompañados por nuestros verdes olivares. Cuando han trascurrido 24 km, llegamos a Estepa, pueblo curioso y de

grandes contrastes, pues por un lado tiene la sierra y por otro, la Campiña. Famoso hoy por los dulces, en otras épocas lo fue por los bandoleros.

Está situado en el Cerro de S. Cristóbal a 604 m sobre el nivel del mar, que pertenece a la sierra de Estepa y limita con la gran llanura que por el Norte llega hasta Córdoba. Por esta ciudad han pasado todas las culturas, pero en su urbanismo se ve la huella de la cultura andalusí que le dio el nombre de *Istabba*. Las calles están trazadas por la ladera del monte y muchas tienen escaleras para salvarla. No quedan restos de la muralla, sólo la Torre del Homenaje.

FIESTAS Y TRADICIONES

La Semana Santa goza de gran esplendor con hermandades que hacen la estación de penitencia todos los días de la Semana. Algunas son bastante antiguas como la cofradía del Santo Entierro, que data del siglo XVII. Del 1 al 5 de mayo tiene lugar la Romería de Roya, en honor de S. José Obrero. Los romeros hacen el camino a caballo o en carretas portando en una de ellas al Santo hasta llegar al manantial de Roya donde celebran la misa. A continuación viene la parte festiva, siendo el momento de comer, cantar, beber y bailar. Cuando cae la tarde inician el camino de regreso.

Fiestas menores pero de gran tradición son el tercer domingo de marzo en la Octava de la Virgen de los Remedios. En el barrio que lleva su nombre se realiza la procesión de la Virgen con grandes vítores y piropos hacia la Señora. También se celebra en el barrio de la Concha

Vista general de Estepa

la *«velá»* de Sta. Ana. El 26 de Julio se instalan casetas, se ilumina el barrio y la Virgen es sacada en procesión con gran solemnidad. Del 13 al 16 es la Feria de Agosto en honor de la patrona Nuestra Señora de la Asunción. Se instala el Real de la Feria y se montan las casetas tanto por parte del Ayuntamiento como de hermandades, peñas y particulares. En su programación tenemos la elección de la Reina de las Fiestas y su corte de honor, así como concursos y actividades culturales y deportivas. El día 15 no falta la procesión de la Virgen por las calles de la villa.

GASTRONOMÍA

De sus especialidades culinarias merece la pena degustar el salmorejo, la olla, la cazuela, las migas, etc. Pero realmente a Estepa se le conoce por sus dulces navideños tanto por los mantecados, como por los polvorones. Los primeros fueron inventados, a mediados del siglo pasado, por Micaela Ruiz Téllez, llamada *«La Colchona»*, por el mote de su ama de cría. Este producto está hecho a base de manteca de cerdo, un poco de canela, azúcar, almendra y harina. No son menos famosos sus polvorones, cuyos ingredientes son el azúcar, manteca, harina, limón y ajonjolí.
Si se dispone de tiempo puede hacerse una excursión a la sierra de la Nava, al Sur de la ciudad. Desde allí se contempla una extraordinaria vista panorámica sobre uno de los llamados «balcones de Andalucía».

Polvorones

LA RODA DE ANDALUCÍA

A 16 km de Estepa nos hallamos en La Roda, último pueblo de la provincia de Sevilla, de forma alargada y en medio de una gran llanura rodeado de olivos y cereales. Es una ciudad de paso por su situación estratégica.

FIESTAS Y TRADICIONES

La Semana Santa, aunque pequeña en número de «pasos», es grande en esplendor y entusiasmo. Como hecho diferenciador respecto a la celebración de esta Semana en otras localidades asistimos al papel señalado que aquí desempeñan las mujeres.

Durante cuatro días a partir del 29 de junio se celebra la feria de su patrón S. Pedro. Las fiestas comienzan con fuegos artificiales y se clausuran con una gran traca. Las casetas, los trajes de flamenca y los concursos de sevillanas forman parte de su entramado festivo.

El 8 de septiembre tienen lugar las fiestas patronales en honor de Nuestra Señora de los Llanos. Por la mañana sale en procesión la imagen de la Virgen, terminando su recorrido con la celebración de una misa. La ermita de la Virgen se encuentra a 5 km del pueblo. Se trata de una hermosa capilla del siglo XVI.

FUENTE DE PIEDRA

Fuente de Piedra se encuentra a sólo 12 km de La Roda, pueblo blanco, limpio, tranquilo y acogedor. Es famoso por la Laguna del mismo nombre, una de las más grandes de Andalucía. La fauna es rica y variada.

FIESTAS Y TRADICIONES

Al ser un pueblo eminentemente agrícola es importante la celebración de la festividad de S. Isidro, patrón de los labradores, el 15 de mayo. Se organiza una romería promocionada por firmas comerciales y en carretas engalanadas el pueblo se dirige al lugar conocido como «La Camorra», donde pasan el día con extraordinario regocijo.

Del 23 al 26 de julio es la feria de Santiago la que ocupa el protagonismo de sus habitantes. Antiguamente era famosa la subasta que se celebraba, pero hoy día ha caído en desuso y el desarrollo de la fiesta transcurre como la de cualquier pueblo malagueño con la organización de concursos, música, baile y cante flamenco.

La fiesta de Nuestra Señora de la Virtud se conmemora el 8 de septiembre con actos religiosos, misa y procesión de la Virgen, que es agasajada con gran profusión de fuegos artificiales.

Cortijo

HUMILLADERO

Siguiendo la autovía de nuestra ruta nos encontramos con Humilladero, situado en plena llanura y limitando con la Laguna Salada de Fuente de Piedra. Su nombre se debe a la Cruz de Humilladero de la Edad Media.

Celebra sus fiestas el 24 de junio festividad de S. Juan sin grandes pretensiones pero con gran participación del pueblo. El 8 de octubre tienen lugar las fiestas patronales de Nuestra Señora del Rosario. Estas se inician con la celebración de la santa misa y, acabada ésta, la imagen es sacada en procesión por las principales calles del pueblo, que con este motivo son ricamente engalanadas por los vecinos.

Aunque no conocemos platos autóctonos, sí sabemos de la existencia de unos ricos roscos de aguardiente hechos con cáscara de limón, matalahúva, tres huevos, un poco de canela, azúcar y una taza de aguardiente. Pruébalos, es una dulce forma de reponer fuerzas.

Como dato curioso podemos afirmar que en este pueblo se encuentran los restos del más famoso de los bandoleros del siglo pasado, José María el Tempranillo.

MOLLINA

A sólo 3 km de Humilladero encontramos Mollina, pueblo con un pasado lejano por la cantidad de objetos hallados en su interior. También la cultura andalusí dejó sus huellas en los restos de un castillo llamado «El Capiruzón», que se supone fue destruido en una de las escaramuzas habidas entre moros y cristianos, ya que la zona fue durante mucho tiempo territorio fronterizo.

Las fiestas se celebran en honor de la Virgen de la Oliva, del 14 al 17 de agosto. Cuenta una leyenda que la imagen de la Virgen fue entregada a Salvador Espinel por un misterioso personaje que le dijo: *Toma esta imagen y colócala en el Pago de las Olivas, pues esta es la oliva más verdadera.* La tradición se basa en un documento entregado a un religioso trinitario de Antequera, en cuyo archivo queda constancia de una copia fidedigna. Desde entonces la Virgen de la Oliva es la patrona de la localidad. Se organizan con tan fausto motivo misas, procesiones,juegos, concursos, etc.

Es un pueblo exclusivamente del campo, especialmente del olivo y de la vid. Aunque en otras épocas hubo muestras del desarrollo de un tipo de artesanía como la cerámica, en la actualidad ésta ha desaparecido prácticamente.

ANTEQUERA

De vuelta a la carretera, continuamos nuestra ruta, penetrando en la gran llanura de Antequera. Desde este lugar divisamos a la ciudad al fondo, sobre la posición estratégica envidiable del cerro de S. Cristóbal. Desde sus murallas, muy bien conservadas, se alcanza una extraordinaria vista de la Vega, cruce de caminos entre Granada, Sevilla, Córdoba, Cádiz, Ronda y Málaga.

FIESTAS Y TRADICIONES

La Semana Santa de Antequera goza de gran popularidad dentro y fuera de sus fronteras naturales. Sus diez cofradías y los más de veinte tronos desfilan todos los días de la Semana.

Mollina: calle típica

Con gran emoción es esperada el Martes Santo la cofradía de Nuestro Padre Jesús del Rescate y María Santísima de la Piedad, y, hasta hace poco, para poder oír a la famosa Niña de Antequera cantar sus saetas. Todo el pueblo siente ahora la falta de esta extraordinaria cantaora. En la noche del Viernes Santo es interesante contemplar la «Despedida», ceremonia que se realiza en la Plaza de S. Sebastián entre las hermandades del Dulce Nombre de Jesús y la de la Sta. Cruz en Jerusalén.

Las salidas de los «pasos» y sus entradas provocan una emoción contenida por el ambiente que generan los «pasos», el olor a cera, el incienso, la música, la saeta, incluso la propia cuesta de Santo Domingo crean una atmósfera difícil de narrar. Hay que estar presentes allí y vivirlo.

Por la festividad de S. Fernando (finales de mayo y principios de junio) es importante su feria por el mercado de ganado. Las Fiestas de la Recolección se celebran del 18 al 25 de agosto. Es uno de los mejores festejos de la región. No faltan las corridas de toros, las verbenas y la romería.

Desde el ángulo folclórico son especialmente importantes las «malagueñas» y los «verdiales». Entre las actividades deportivas destacan la Subida al Torcal en bicicleta, las pruebas de aeromodelismo, el Concurso Hípico Nacional, el trofeo de natación, el tiro al plato. Igualmente hay concursos de bailes y el popular mercado de ganados.

El 8 de septiembre Antequera celebra a su Patrona Nuestra Señora de los Remedios con diversos actos religiosos. En la misa, el celebrante se reviste con una casulla confeccionada con el signo de la bandera de tiempos de la cultura andalusí. En la actualidad vuelve con gran fuerza el Carnaval con concursos de murgas, chirigotas y desfile de máscaras y disfraces.

GASTRONOMÍA

La gastronomía antequerana es rica en variedad y en calidad. Prepara durante todo el año buenos quesos de unos tres kilos aproximadamente, frescos, con poca sal. Elabora también el morcón con lengua y carne picada de cerdo adobada con pimentón.

En entradas frías se ofrece la «porra « antequerana o el «ajoblanco», variedades ambas del gazpacho. La primera es un gazpacho sin agua, pero con ajo, miga de pan, pimiento, tomates, aceite y un chorrito de vinagre. El «ajoblanco» tiene los ingredientes propios de un gazpacho normal, menos el tomate, que es sustituido por almendras. Se sirve frío y con uvas peladas. El «pío» antequerano es una ensalada de bacalao seco asado, cebolla picada, cascos de naranja y un chorreón de aceite. Hay quien le añade tomate. En pescados tiene variedad de pla-

Ajo blanco

tos, como las «sardinas en paz», el «pisto de peces», etc. En carne, «chuletas en caldo», «conejo a la cortijera», «codornices en salsa», «estofado de perdiz», «perdiz en caldo de gazpacho», etc. El guiso de patas de cerdo con garbanzos es muy sabroso.

Pero es especialmente en repostería donde Antequera traspasa sus fronteras y se convierte en la capital de la repostería de Málaga: a sus mantecados, hechos con manteca de vaca, harina, azúcar y esencia de limón saben darle, con sólo estos ingredientes, un punto exquisito. Lo mismo podríamos decir de los polvorones y roscos de vino de Navidad. Se ofrece también el típico «bienmesabe», pastel de origen andalusí, elaborado a base de bizcocho, zumo de naranja, crema de huevo y almendras.

Puede adquirir en los puestos de churrerías los «tejeringos», especie de churros gruesos, de reminiscencia andalusí.

ARTESANÍA

La gran tradición artesanal de la ciudad proviene de los antiguos gremios, habiendo llegado al momento presente determinadas técnicas y formas que se traducen en piezas de arte propias. Es destacable el hecho de haberse puesto en marcha varias escuelas de

Taller «La Colegiata»
Trabajo en madera
Piezas de barro
Soporte para chimeneas
Telar

aprendizaje para mantener viva la producción artesanal de Antequera. La gente joven, incluso, está organizando cooperativas artesanales.

La madera.- Debido a la gran tradición en este trabajo, encontramos numerosos talleres, como «La Colegiata», en el Polígono Industrial, parcela B, 26 y E, 28. Trabaja la ebanistería con maderas de pino y sapeli en muebles de encargo y en construcciones como balcones, celosías, escaleras, etc. También se dedica al torneado y a la talla.

El trabajo de marquetería lo realiza Bartolomé García Pérez, en calle Río, 34, con maderas de palosanto y ukola.

Fibra vegetal.- Se trabaja, además del esparto y la palma, el mimbre, en el taller de Francisco Velasco Salazar, en la Cuesta de Archidona, 5, produciendo cestas y diferentes piezas de mobiliario.

El barro.- Se realizan azulejos y esmaltes en el taller de Juan Machuca Carbonero en la Carretera de Córdoba, km 518,8.

La piedra.- Los momentos de auge que alcanzó Antequera entre los siglos XVI y XVIII hizo que se construyeran casas señoriales, palacios, iglesias, etc., lo cual contribuyó a la llegada de maestros en el trabajo de la piedra. Actualmente el taller más importante de la provincia de Málaga en la artesanía de la piedra es «La Colegiata», que se dedica también a la restauración de monumentos, como capiteles, jambas, dinteles, alféizares y escudos nobiliarios. Trabaja con mármol de Macael y piedra del Torcal. El trabajo es manual, ayudándose de punteros, cinceles, bujardas, etc.

El metal. Forja del hierro.- La rejería de Antequera tiene una tradición muy antigua, al igual que la cerrajería artística. Se sigue manteniendo con trabajo manual, modelando el hierro al rojo en el yunque, tras calentarlo en la fragua. Es el caso del citado taller «La Colegiata», que, además de trabajar en la rejería y lampistería artísticas, diseña modelos nuevos y trata de recuperar las artísticas lámparas de su ciudad. Otros objetos son apliques, soportes y morillos para chimeneas. En la casa de Francisco Burgos, calle Vega, pueden adquirirse faroles de artesanía.

El cuero.- De siempre ha existido en Antequera la tradición de los botos camperos. Hoy los hace Juan Ríos «Mena», que trabaja siempre por encargo y decora la caña del boto. El trabajo de marroquinería se hace en talleres que suelen contar con maquinaria para coser y rebajar el cuero, realizándose bolsos, cinturones, billeteras y carteras. Todos estos artículos se pueden encontrar en «Artesanía Ortiz», calle Lucena, 57.

Textil.- Algunos talleres confeccionan a mano trajes regionales como «Artesanía Ríos Quintán», en calle Nueva, 25, o Carmen Ríos, en la calle Mármol, 14, que confecciona trajes

Taller «Carmen Ríos»: Traje regional
Taller «La Colegiata»: Farol

de montar. Son de gran calidad los bordados con hilo de oro y realizados en realce por las monjas dominicas.

Si, después de visitar las diversas actividades de la vida de Antequera, disponemos de tiempo, puede realizarse una excursión al Torcal (Ver *Cuaderno Verde* de esta *Ruta*) o visitar el Museo Taurino, o asistir a la Peña Flamenca «La Trini». Si nuestra relajada estancia tiene lugar en la feria de primavera o de agosto, podremos asistir a alguna corrida de toros. Si nada de esto seduce, pasearemos por el mercadillo que abre todos los domingos en la Avenida de la Estación o tomaremos una copa en los numerosos bares o *pubs* de la ciudad.

ARCHIDONA

Volviendo a tomar la autovía Sevilla-Granada divisamos la «Peña de los Enamorados», tendida sobre una gran llanura. Cuenta una de las tradiciones legendarias sobre esta Peña que allí

se refugió Tazgona, hija de Ibrāhīm, cadí de Archidona, y el granadino Muḥammad. Ella estaba destinada al viejo gobernador de Alhama y, no queriendo esa desventura, los dos enamorados se escapan en medio del bullicio de la noche de S. Juan, fiesta que los musulmanes celebran con brillantez. Los persiguen y los amantes se arrojan abrazados desde la parte más alta de la peña. (Para otra versión de esta leyenda, ver *Cuaderno Azul* de esta *Ruta*)

Dejando la peña a la izquierda llegamos a la blanca Archidona, situada al pie de la sierra de Gracia. A esta ciudad que posee un patrimonio importante le ha valido en el año 1980 ser declarada Conjunto Histórico-Artístico. Su fortaleza fue tan importante que Washington Irving recoge la leyenda de que la Virgen se apareció a las tropas cristianas y les mostró el

Vista general de Archidona

camino a seguir para atacar la fortaleza, siguiendo una misteriosa vereda que se ve a cierta distancia. Por este camino transportaron la artillería. El alcaide, viéndose perdido, se arrojó al vacío desde lo más alto de la fortaleza. El caballo dejó impresa en la roca la huella de su herradura antes de saltar, hecho que la ficción popular comprueba en las numerosas oquedades de la piedra caliza.
Ciudad con calles empinadas tiene en su centro la Plaza Ochavada, del siglo XVIII. Es de gran belleza y todo un ejemplo de arquitectura popular. Puedes admirar sus conventos, puertas y paredes, jalonadas de escudos, que nos indican el señorío de otros tiempos.

FIESTAS Y TRADICIONES

Como una constante en los pueblos de nuestra ruta, el 5 de enero se celebra La Cabalgata de los Reyes Magos de Oriente, que cabalgan en sendos corceles, acompañados de un gran séquito de pajes y pastores. Son cinco las carrozas que desfilan y que hacen las delicias de los pequeños, que se afanan en coger el mayor número de caramelos.
La Semana Santa es muy visitada por la categoría de sus «*pasos*» como el de Jesús Nazareno o el de la Virgen de la Paz. Los desfiles procesionales tienen lugar el Domingo de Ramos, el Miércolos, Jueves y Viernes Santos. Especial curiosidad presenta la procesión de Nuestro Padre Jesús en su entrada triunfal en Jerusalén (Domingo de Ramos) por la tradicional «*Pollinica*», que va acompañada por niños portando palomas. Es encomiable el esfuerzo de las cofradías, que cada año mejoran el esplendor de sus pasos.
Es también tradicional la celebración de las festividades religiosas de Pentecostés y del Corpus Christi. Además de la procesión con las custodias, existe la costumbre de celebrar la procesión de los Impedidos. Consiste en llevar la Comunión a los enfermos recorriendo todas las calles de la población en las que se adornan primorosos altares. Estas manifestaciones de fervor popular son financiadas por las cofradías con ayuda popular.
Revisten especial solemnidad la Feria y Fiestas patronales dedicadas a la Virgen de Gracia que se celebran del 15 al 19 de agosto, con mezcla de elementos religiosos y profanos. El día 15 se lleva a la Virgen en procesión desde su santuario, en lo alto de la sierra, hasta el pueblo, acompañada por muchísimos devotos y recibida con gran aparato de fuegos artificiales. Por la mañana, los días de la feria hay cucañas y piñatas para los pequeños. Por las noches son los mayores quienes se divierten y bailan en las casetas. Hay actividades deportivas como carreras pedestres, celebración de juegos florales, concursos de poesía, etc.
Del 13 al 15 de octubre tiene lugar la Feria de Ganado, de gran interés para los campesinos

y ganaderos. Se aprovecha para hacerlo con alegría, sucediéndose cantes y bailes populares mientras se saborea la tradicional «*porra*».

GASTRONOMÍA

La cocina de Archidona tiene como platos más importantes la «*cazuelilla moruna*», guiso de boquerones y almejas, el «*gazpachuelo*», que es una sopa de pescado preparada con litro y medio de agua, medio kilo de pan cortado en rebanadas finas y un huevo. El pan y el huevo se ponen a la candela y cuando está hirviendo se le añade la clara de huevo. Con la yema se hace una mayonesa y se incorpora al caldo, teniendo la precaución de mezclarla antes con dos cucharadas de la misma para evitar que se corte. También es tradicional la «*porra*». En repostería existe toda una muestra de la cocina andalusí: pestiños y las gachas de mosto, hechas con mosto de uva, almendras y nueces molidas.

Dejamos atrás Archidona y, con él, la provincia de Málaga para adentrarnos en la de Granada. A 65 km de ésta se encuentra Riofrío, lugar atractivo y muy apropiado para hacer un alto en el camino y comer. Su río es muy rico en truchas y si no se es muy aficionado al pescado, puede tomarse embutidos, cochinillo o carne de Avila en cualquiera de los restaurantes o ventas que encontraremos al pie de la autovía.

Si nos atrae la pesca, Riofrío ofrece pesca deportiva con un número máximo de permisos de diez diarios, pudiéndose llegar a los quince los sábados y los días festivos. También puede disfrutarse de los vuelos sin motor (Ala Delta y Parapente), ultraligero y paseos a caballo.

LOJA

Una vez repuestas las fuerzas y, si fuera necesario, echada una siesta, volvemos a la carretera rumbo a Loja, ciudad con gran protagonismo en la cultura andalusí (la llamaban *Lawša*) por su encrucijada de caminos. Los Reyes Católicos la consideraban *puerta y llave del reino granadino*. Cuna de grandes personajes de nuestra historia, Loja es hoy una ciudad atracti-

Archidona: Gazpachuelo

va, parada obligada del viajero por la belleza de su enclave entre dos sierras, la Sierra de Loja y el Monte Hacho. Ciudad dividida por el río Genil en dos mitades, es el punto de encuentro entre Andalucía Oriental y Occidental.

FIESTAS Y TRADICIONES

Cada año adquiere mayor fuerza el Carnaval, fiesta popular de orígenes orientales, que tiene lugar como paso previo a la celebración cristiana de la Cuaresma. El peso de la fiesta recae en las chirigotas, murgas o coros, quienes con sus canciones critican de un modo irónico y desenfadado a algún personaje significado de la vida pública o privada. Aunque la celebración de estas manifestaciones de júbilo tiene lugar durante unos días determinados, el trabajo y la preparación de las mismas se realiza a lo largo de todo el año, con reuniones, ensayos, pruebas, etc.

La celebración de la Semana Santa tiene un estilo especial. El Miércoles Santo desfilan los *armaos* que representan a los soldados romanos que llevaron a cabo la ejecución de la sentencia de muerte contra Jesús dictada por Poncio Pilatos. Los trajes, a diferencia de otros lugares, son sencillos, ya que al diseñarlos se pensó que Pilatos no debió vestirlos de gala para ese acontecimiento. Otro dato típico de estas celebraciones es la existencia del *Tío Puche-Puche*, personaje con un tambor que con su toque de dos golpes, uno con un sólo palo y el otro con los dos, va recogiendo a todos los soldados para hacer guardia en el Santo Sepulcro (costumbre hoy desaparecida) y pidiendo limosna. El Jueves y Viernes Santos recorren las calles los *incensarios*, individuos vestidos con atuendos parecidos a los nazarenos, con caperuzos de lentejuelas, quienes con incensarios en la mano cantan y bailan delante

Procesión de los Incensarios

de los *pasos*. El Jueves salen vestidos de blanco y el Viernes, de negro. El Domingo de Resurrección se celebra la Feria de las mujeres.

El 25 de abril tiene lugar la Romería de S. Marcos, cuya ermita está situada en las afueras de la ciudad. Después de la misa se procedía a *atar al diablo*, costumbre hoy desaparecida. Se come el hornazo en medio de la alegría popular.

La última semana de agosto se celebra la Feria Grande para festejar a la patrona la Virgen de la Caridad. Se programan gran número de competiciones deportivas como tenis, tiro al plato, etc. Gran animación se suscita en el Real de la Feria y en la Caseta Oficial tienen lugar

Detalles de la Procesión de los Incensarios

diferentes actuaciones, dedicándose una noche al cante y baile lojeño. El sábado está reservado a la Bolaera Flamenca.
Las manifestaciones folclóricas más populares de Loja son el fandango y el trovo.

GASTRONOMÍA

Hemos de acercarnos a Loja, no a padecer el amargor del destierro como lo hizo en otro tiempo el Gran Capitán, sino dispuestos a salir con el buen sabor de boca que deja su repostería, famosa en toda Andalucía. Hay que probar los roscos, los pastelillos blancos, los bollos de aceite, el cuajado de piñonate, las tortas de manteca o los deliciosos buñuelos, hechos con huevo, harina, aceite y un poco de sal. Si se acompañan con una copita de aguardiente de Rute, o vino dulce de Málaga o un anís de Cazalla, es posible que se olvide que hay que proseguir el viaje. Eso sí, antes del postre hay que probar las truchas recién pescadas de Riofrío, gazpacho, remojón de naranjas o papas, la porra o el cuchifrito de cabrito.
Artesanía autóctona es posible que no quede, pero se puede adquirir cerámica granadina en los distintos establecimientos de la ciudad.

HUÉTOR TÁJAR

Al salir de Loja, la ruta sigue la autovía A-92 en dirección a Granada, pero hacemos un alto para visitar Huétor-Tájar, antigua *«al-Qarya»*, llamada *Qaryat Tayyāra*, señoreada por una altiva torre, castillo y fortaleza, que aún subsiste aunque rodeada de casas.
En tiempos andalusíes sus campos llenos de moreras para la industria sedera hoy están ocupados por espárragos. Hasta tal punto tiene importancia su cultivo que anualmente se celebra la Fiesta del Espárrago que ofrece degustación y una muestra comercial.
Las Fiestas Patronales en honor de Jesús Nazareno tienen lugar en el mes de septiembre, del 13 al 20. En torno al 16 de agosto se celebran las Fiestas dedicadas a S. Roque. Son las clásicas fiestas de verano que organizan diversos deportes, concursos de bebedores de cerveza, suelta del cochinillo y del conejo, elevación de globos y fantoches, teatro, carrera de cintas a caballo, etc. Entre los actos religiosos figura una *misa flamenca* y la romería. En la Festividad de S. Isidro tiene lugar el descenso de piraguas por el río Genil. Asimismo es tradicional que el 25 de abril, Festividad de S. Marcos, salgan todas sus gentes a pasar el día en el campo.

Sin dejar la autovía nos encontramos con un pueblecito pequeño, pero con todo el sabor de su arquitectura popular, sus casas encaladas y sus gentes curtidas por el Sol del campo. El campanario de la iglesia preside la villa iluminada con los típicos faroles andaluces.
Celebra las fiestas patronales el 20 de enero, festividad de S. Sebastián. Otras fiestas tienen lugar en honor de Santiago los días 24, 25 y 26 de julio y las fiestas de otoño que se celebran del 18 al 20 de octubre.

MORALEDA DE ZAFAYONA

Antes de abandonar la autovía Sevilla-Granada, a sólo 8 km de Villanueva de Mesía, podemos hacer un alto en Moraleda de Zafayona para refrescarnos y visitar el Cerro de la Mora, de gran importancia arqueológica. Allí se disfruta de un atractivo paisaje así como de sus fiestas, si llegamos del 22 al 24 de octubre, cuando festejan a su patrona la Virgen de las Angustias.

MONTEFRÍO

Dejando a un lado la autovía A-92 y abandonando la vega, entramos en la carretera C-335 en dirección a la sierra de Parapanda. Entre ésta y la de Chanza se encuentra Montefrío en lo alto de un cerro a 833 m de altitud, un pueblo blanco con las calles empinadas. En la parte más alta de la ciudad quedan restos de una fortaleza que nos indica la existencia, como en todos los pueblos de nuestra ruta, de murallas. En nuestro caso esos restos nos muestran que la muralla era triple.

FIESTAS Y TRADICIONES

El 25 de abril, festividad de S. Marcos, se trasladan todos a la ermita del Santo en la Peña de los Gitanos, situada a 4 km del pueblo. Tras los actos religiosos comienza la comida con el típico «remojón frío».
El último domingo de mayo tiene lugar la «Fiesta del Rayo» que conmemora el voto hecho por el pueblo a la Virgen por haber realizado el milagro de que nadie fuese herido por el rayo que cayó en la iglesia el 29 de mayo de 1766, cuando se encontraba llena de gente. Se celebra la misa en la que niños y niñas celebran su primera comunión y a continuación se saca a la Virgen en procesión.

Señor de las Roscas

Las fiestas patronales de la Virgen de los Remedios tienen lugar entre el 14 y el 17 de agosto. Un gran esplendor preside esta conmemoración, ya que es motivo de que vuelvan los emigrantes. Los actos programados unos son religiosos, como la misa y la procesión, y otros son de tipo profano, como la exhibición de fuegos artificiales. Pero lo que realmente hace las delicias de todos es la celebración del «*toro de fuego*». También se celebra la Fiesta de Otoño entre el 18 y el 20 de septiembre.

GASTRONOMÍA

Son importantes en Montefrío todos los productos del cerdo, pero entre ellos el chorizo se lleva la fama de toda la comarca. Es típico el «remojón frío» a base de patatas, tomates, cebolla, pimientos, huevos duros, atún, etc. Es excelente la repostería como los roscos de S. Antonio, los roscos de anís, los borrachuelos y, sobre todo, los bollos de manteca hechos con manteca, masa de pan, azúcar y canela.

ÍLLORA

Siguiendo las faldas de la sierra de Parapanda, encontramos Íllora, asomada a la vega a sólo 30 km de Granada con su famoso castillo andalusí sobre el peñasco que domina el pueblo. Su privilegiada situación geográfica y estratégica nos desvela el motivo de por qué tantos pueblos y culturas eligieron este lugar de asentamiento.

El 15 de agosto se celebran las fiestas patronales en honor de S. Rogelio. Además de los actos religiosos como la *misa flamenca*, tienen lugar el desfile de gigantes y cabezudos, carrozas, pasacalles, concurso de bebedores de cerveza, etc. Destaca el festival de cante flamenco y como clausura figura la romería al estanque de la ciudad. Es famosa, asimismo, la feria de ganado que se desarrolla del 8 al 12 de octubre.

Son muy apreciados sus «retorcidos de hojaldre» elaborados con masa de pan, manteca en rama y canela. Aunque engordan, podemos compensarlo con un poco de ejercicio. Hay que probarlos.

FUENTE VAQUEROS

Llegados a la Plaza Mayor del pueblo, nos sentamos a la sombra de sus árboloes, cerca del monumento que el pueblo ha erigido al más universal de los poetas andaluces:

Federíco García Lorca. Serán sus palabras quienes nos enseñen el pueblo que lo vió nacer: *«Siempre digo que nací en Fuente Vaqueros..., un pueblo abierto que linda con sus campos, a los que se une más suavemente que otros, más propicio a las reuniones colectivas.., Situado entre dos rios, el Cubillas y el Genil... En toda la Vega de Granada, y no es pasión, no hay un pueblo ni mas hermoso ni mas rico ni con mas capacidad emotiva... Todo lo que en él ocurría y todos su sentires pasan hoy por mi velados por la nostalgia de la niñez y el tiempo... Es pequeño y blanco y esta todo besado de humedad. El agua de los rios al evaporarse lo cubre de gasas frías en las mañanas, tan de plata y niquel que, cuando sale el sol, desde lejos parece una gran piedra preciosa... El pueblo está formado por una gran plaza bordeada de bancos y álamos y varias callejas oscuras y miedosas en las que el invierno pone los fantasmas y marimantas. La plaza es alargada y a un lado está la iglesia con sus frisos de nidos avisperos. En la puerta hay una cruz de madera con un farol cubierto de telarañas y cercada de laureles y enredaderas...»* (Primeras prosas. Rememoraciones infantiles).

A pesar del tiempo transcurrido desde que Lorca escribe estas palabras, Fuente Vaqueros mantiene espacios, nieblas y calores de verano que despiertan sentimientos paralelos a los del poeta. El pueblo vive con intensidad dos fiestas. Una antigua y tradicional en honor de su patrón el Santo Cristo de la Victoria, el primer domingo de septiembre. Otra, instaurada en 1976 pero tan arraigada ya como querida por propios y forasteros, en homenaje a su paisano Federico García Lorca. Se celebra el primer fín de semana de junio y se la conoce con el nombre de Fiesta de la Libertad y la Cultura. Todos los actos permiten recuperar el espíritu tolerante, poético, musical y universal de Federico: recitales, conciertos, exposiciones, hermanamientos y cante jondo son alguna de las actividades que la configuran. La Plaza Mayor se engalana y entorno al monumento del poeta se hace patente su presencia: *«En este pueblo yo tuve mi primer ensueño de lejanía. En este pueblo yo seré tierra y flores».*

Visita obligada es la casa museo de G. Lorca (c/ Poeta G. Lorca, 4. Visitas a las 10, 11, 12, 13, 17, 18 y 19 h. Tl. 958-516453). No tiene perdida: *«Enfrente de la Iglesia está la casa donde yo nací. Es grande, pesada, majestuosa en su vejez... Tiene unas rejas que suenan a campanas. Cuando niño, mis amiguitos y yo tocabamos en ellas con una barra de hierro y su sonar nos volvía locos de alegría; y simulabamos tocar a fuego, a muerto, a bautizos... Por dentro la casa es fría y baja. En sus balcones las niñas de la enseñanza decían versos y cantares cuando pasaba la Virgen del Amor Hermoso y yo era rey con una bengala en la mano... La cocina se llenaba de humo de cigarro y de leña y las figuras parecían sombras pavorosas con las llamas...»* (O.c. III, 171).

El entorno de la Vega invita a un paseo hasta Valderrubio, donde Ferderico tuvo casa y sueños de niñez: *«Días pasados salió una luna verdi-morada sobre la neblina azul de Sierra Nevada y enfrente de mi puerta una mujer cantaba una berceuse que era como una serpentina de oro que enmarañaba todo el paisaje. Sobre todo en los anocheceres se vive en plena fantasía, en un sueño a medio borrar... Yo no te puedo decir lo enorme que es esta vega y este pueblecito blanco entre las chòperas oscuras.. Por la noche nos duele la carne de tanto lucero y nos emborrachamos de brisa y de agua...»* , o acercarnos a la Fuente de la Teja, forja en hierro pintado de verde que enmarcan tiempos de infancia, juegos de amigos niños, mimbres y juncias que evocan al poeta: *«Esto que yo hago es puro sentimiento y vago recuerdo de un alma de cristal..»*

Y de Fuente Vaqueros a **Chauchina**, cruzando el Genil, entre fincas de cuidada tierra y generosos frutos, choperas de crecimiento rápido condenadas al alcanzar su incipiente juventud y que pintan de verde oscuro, plata y dorado los campos; choperas de trazo geométrico, añoranzas de lino, algodon, azúcar... A la Vega la zarandean vientos de sierra y otros vientos, los de la economía y el progreso, y ella se ajusta, a veces con crujidos, en el recuerdo del cabacequia que, inclinado sobre la reguera, reparte aguas en el marjal.

Chauchina celebra las fiestas en honor de la Virgen del Pincho el 9 de abril con procesión de la Imagen hasta el Cementerio, lugar donde se apareció. En Agosto, el primer domingo, fiestas patronales en honor de Nuestro Padre Nazareno. El segundo domingo del miemo mes son las Fiestas de Verano.

PINOS PUENTE

Bajo la sierra de Elvira, cerca de la confluencia del río Cubillas con el Genil, se encuentra Pinos Puente, pueblo agrícola dedicado al cultivo de la remolacha, el tabaco y los ajos. Cada vez tiende más a convertirse en un incipiente centro urbano, adquiriendo servicios y características de ciudad. Cuando nos encontremos allí debemos parar en su viejo y estrecho puente, hoy monumento histórico-artístico, testigo mudo de tantos acontecimientos en época andalusí por ser una de las dos tradicionales puertas de la Vega granadina viniendo desde el Norte.

Si el viaje transcurre en el penúltimo domingo de agosto, podemos asistir a su **Feria**, que celebran con una romería al cortijo Alijate, seguido de verbenas, carreras de cintas, etc.

También celebran la festividad de la **Virgen de las Angustias** el último domingo de septiembre, sin olvidar al Patrón **S. Pascual Bailón** el 17 de mayo.

En artesanía destaca la forja, siendo D. Marino Villaverde uno de sus últimos artesanos. Para amantes de la bicicleta, ésta es una zona apropiada para su deporte. Desde sierra Elvira se practica el parapente y el Ala Delta. En el cortijo de Alijate puede admirarse la cría de caballos de raza árabe.

Salimos a la carretera, estamos a tan sólo 16 km del final de nuestro viaje, pero la vista de la Vega con el fondo de Sierra Nevada, que se nos aproxima cada vez más, no nos permite que nos envuelva la nostalgia que todo final de viaje produce.

Sólo puede asaltarnos una duda: ¿Nos pasará como al hombre de nuestra ruta, Washington Irving? ¿Seremos engañados en nuestro hospedaje? La pregunta no es para tomársela a broma, lean si no lo que cuenta W. IRVING al final del primer capítulo de su libro «Cuentos de la Alhambra»:

«El semblante de nuestro escudero ofrecía melancólico aspecto cuando extrajo por última vez el contenido de sus alforjas. Se lamentaba de que nuestra excursión tocase a su fin, pues, según dijo, sería capaz de ir hasta el fin del mundo en compañía de tales caballeros(...). Ante nosotros se extendía, magnífica, la vega. Allá a lo lejos, la romántica Granada, coronada por las rojizas torres de la Alhambra; mientras por encima de ella refulgían como la plata las nevadas cumbres de Sierra Nevada(...). Al rato alcanzamos a un obeso hombrecillo que parecía un sapo montado en una mula. Comenzó a conversar con nosotros y, al saber que éramos extranjeros, se ofreció a guiarnos a una BUENA POSADA. Nos dijo que era escribano y que conocía la ciudad como sus propios bolsillos.

-¡ Ah, Dios, señores! ¡qué ciudad van a ver ustedes! ¡Qué calles! ¡Qué plazas! ¡Qué palacios! Y si son las mujeres...¡Ah, Sta. María Purísima, qué mujeres!.
-¿Y está usted seguro -dije yo- de que es BUENA esa POSADA que dice?.
-¿BUENA? ¡Sta. María! La MEJOR de Granada. Salones grandes, camas de lujo, colchones de plumas. ¡Ah, señores, comerán como el Rey Chico de la Alhambra!. (...)
Ante unos informes tan satisfactorios nada más había que pedir sobre el particular; así que cabalgamos tranquilos con el pequeño y regordete escribano delante de nosotros, el cual volvía a cada paso su cabeza y lanzaba nuevos elogios a las bellezas de Granada y a lo bien que íbamos a pasarlo en la POSADA. (...)

Decididos a que aquel pequeño escribano no comiese truchas a costa de nuestro bolsillo, como le ocurrió a su colega de Peñaflor, le impedimos que pidiese cena; no tuvimos por qué tacharnos de ingratos, pues comprobamos, antes que llegase la mañana, que aquel tipo NOS HABÍA ATRAÍDO CON ENGAÑOS A UNA DE LAS POSADAS MÁS ZARRAPASTROSAS DE GRANADA»

En fin, no somos escribanos, ni andamos en mula, ni tenemos intereses en el ramo de la hostelería y, sin embargo, es forzoso hacer algunas recomendaciones que hagan más placentero y adecuado el hospedaje. Granada posee muchos y estupendos hoteles, hostales, residencias, pensiones, posadas y campings, de los que podemos informarnos en cualquier agencia de viajes u oficina de Turismo.
El criterio que hemos seguido es estrictamente tópico: sólo citaremos los hoteles situados en la colina de la Alhambra para que así, al releer los «Cuentos de la Alhambra» de W. Irving nos sintamos más próximos. Una cosa más: son establecimientos muy solicitados, de precio medio-alto y ofrecen toda suerte de servicios dada su categoría.

Hotel Washington Irving (***)

Plaza del Generalife, 2. Teléfono 227550

Una conversación de más de dos horas en torno a un café con D. Antonio Velázquez Romero, actual propietario del Hotel nos supieron a poco. El Hotel data de mediados del siglo pasado y guarda secretos de tertulias, músicos, personajes ilustres, realezas, pintores y alguna que otra placa que recuerda huéspedes entrañables.
En 1949 fue comprado por D. Antonio para, una vez remozado ser vendido para uso escolar. Cuando la operación económica estaba prácticamente cerrada, la intervención del granadino Gallego Burín permitió deshacer el trato y recuperar su tradicional función de hotel emblemático en la ciudad. Es «Real» Hotel por gracia de su Majestad Alfonso XIII, mediante la intervención de D. Natalio Rivas, ministro que fue de Instrucción Pública en la II República. Ha sufrido cambios y reformas para adaptarse a las necesidades de los nuevos tiempos.
El Sr. Velázquez, de edad avanzada y recuerdo fácil, nos habla de huéspedes ilustres, tertulias y músicos de madrugada: Andrés Segovia, Narciso Yepes, Regino Sainz de la Maza, Nicanor Zabaleta, Iturbe, Ataúlfo Argenta...(todos ellos ligados a las celebraciones anuales del Festival Internacional de Música y Danza de nuestra ciudad); pintores como Antonio Velázquez Romero (cuatro cuadros suyos dan testimonio de su hospedaje y amistad), etc.

Hotel W. Irving

Sus salones intimistas y habitaciones con vistas al bosque y recinto de la Alhambra lo hacen un lugar idóneo para el descanso y el paseo que nos asoma a la ciudad.

Hotel Alhambra Palace (****)

Peña Partida, 2-4. Teléfono 221468.

El «Palace» (leído «pálas» como popularmente se le conoce en Granada), es un hotel plagado de historia y anécdotas desde su inauguración por Alfonso XIII, en 1910. Su construcción levantó protestas en ciertos sectores granadinos de la época por su impacto medioambiental: enorme estructura metálica, de colosales dimensiones, atrevida en formas y volúmenes que impedían la tradicional vista del bosque y edificios de los palacios nazaritas, con almenas y parecida a la Torre del Oro sevillana según la perspectiva... no pudo por menos que asombrar a los granadinos de principios de siglo (aún hoy, algo más integrada en el paisaje urbano después de 84 años, impone visto desde el Campo del Príncipe). En su decoración intervinieron artesanos cordobeses, sevillanos y marroquíes, intentando simular un

ambiente parecido al que podía contemplarse en algunas estancias de la misma Alhambra.

El visitante, si no se hospeda en él, debe al menos visitarlo y usar de su preciosa terraza volcada al vacío sobre la ciudad y la Vega, al atardecer o en las noches del verano. En la planta baja hay grandes salones donde es frecuente la celebración de bodas o convenciones de todo signo. Un pequeño teatro fue lugar de tertulias literarias y musicales además de pequeñas representaciones teatrales: Falla, Segovia, Margarita Sirgú y el propio Federico García Lorca (es posible que allí se hiciese una primera lectura intimista de su obra «El Romancero Gitano»). Como dato curioso, las cortinas del escenario son todavía las mismas con que se inauguró.

Cada vez recibe más turismo nacional en detrimento del americano y el japonés. La originalidad en su decoración y estructura y los servicios de calidad que ofrece le permiten un nivel alto de ocupación.

Parador Nacional de S. Francisco (****)

Real de la Alhambra. Teléfono 221440

Entre los recintos del Palacio y el Generalife, olor a arrayán y rumor de agua en sus delicadas fuentes, fue antiguo convento de franciscanos. Adaptado a sus nuevas funciones es amplio y de exquisita decoración, esmerado servicio y no demasiadas habitaciones, por lo

Hotel Alhambra Palace

Parador Nacional de S. Francisco

que suele estar completo durante todo el año. Respira tranquilidad y, dada su ubicación propician el recogimiento y el goce estético. Sus terrazas invitan al paseo, con el Generalife al fondo y los espacios de los Palacios Nazaríes al alcance de la mano.
Absolutamente recomendable, si se hace la reserva con suficiente antelación: a pesar de su categoría de cuatro estrellas, sus precios, controlados por la Red Nacional de Paradores de Turismo le hacen asequible con relación a la calidad que ofrece.

Hotel América (*)

Avenida de la Alhambra, 53. Teléfono 227471

Situado justo al lado del Parador de S. Francisco, puede pasar desapercibido un pequeño hotel que ocupa una casa que data de 1810. Es negocio familiar desde 1935 y dispone de sólo 13 habitaciones. Está regentado por Rafael Garzón y, su mujer, Mª Isabel Alconchel lleva la cocina de sabrosa comida casera desde los últimos años. Todo en este Hotel es acogedor, familiar, barroco a veces y sobrecargado de adornos y objetos de variadísima procedencia. Gira en torno a un patio, cubierto de hiedra donde se come y cena en el verano desde unas horas impropias para lo que estamos acostumbrados, pero es que la mayoría de su clientela es foránea. Clientela fiel, que practica la publicidad de la recomendación directa, haciendo innecesarias campañas de «marketing». Sus precios son muy asequibles en relación a su ubicación privilegiada y a su atento servicio.

Otros hoteles de la zona son: **Los Alixares del Generalife** (***), Avenida de los Alixares s/n, Teléfono 225566, y el **Hotel Guadalupe** (***), muy próximo al anterior, teléfono 223423.

Todos los Hoteles tienen servicio de cafetería y restaurante, pero si deseamos comer fuera del hotel, en la propia colina tienen buenos establecimientos de restauración. Así, **Los Jardines de Alberto**, en la Avda. de los Alixares, antiguo Carmen con varias terrazas en verano, y comedor de invierno. Lo regenta un grupo familiar constituido por profesionales inquietos y creativos que han sabido labrarse un prestigio en consonancia con su privilegiada situación. De su cocina destaca la exquisita «caldereta de langosta», al estilo balear. Como dicen ellos, es cocina de mercado, con productos frescos del mar y la Vega granadina. Buena relación precio-calidad.
Muy tradicional es **La Mimbre**, Bosque de la Alhambra s/n, teléfono 222276, que dispone de una carta variada y unos platos típicos para salir del paso en un almuerzo rápido. Es sitio muy concurrido por ser paso obligado para muchos visitantes del monumento nazarí y precios no exagerados.

Carmen de S. Miguel en la Plaza Torres Bermejas, 5, Teléfono 226723. Un espacio privilegiado con terrazas deliciosas para cenas íntimas y platos muy sofisticados. Destaca su repostería y amplia carta de vinos (también son altos sus precios).

El Colombia, en Antequeruela Baja, 1 tiene una cocina variada, comedores con espléndidas vistas, decoración delicada y ambiente típicamente granadino.

Una última recomendación: no dejemos un solo palmo del monte de la Alhambra por pasear con calma, descubriendo espacios ùn poco al margen del «circuito turístico» y masificado. La Alhambra tiene aromas y sonidos propios e irrepetibles que nadie podrá descubrir por nosotros. (Ver *Cuaderno Azul* de esta *Ruta*).

FERIAS Y FIESTAS DE LA RUTA DE WASHINGTON IRVING

Sevilla

- Cabalgata de Reyes Magos, 5 de enero
- Semana Santa. Variable marzo-abril
- Feria de Abril. Variable abril-mayo
- Cruces de Mayo. Final de mayo
- Patrón S. Fernando, 30 de mayo
- Romería Virgen del Rocío. Variable mayo
- Corpus Christi. Variable mayo-junio
- «Velá» Sta. Ana. Finales de agosto
- Inmaculada Concepción, 8 de diciembre

Alcalá de Guadaira

- Carnavales. Variable febrero
- Feria y Fiestas. En torno último domingo junio
- Romería S. Mateo. Domingo próximo 21 septiembre

Carmona

- Carnavales. Variable febrero
- Semana Santa. Variable marzo-abril
- Feria de Carmona. Última semana mayo
- Romería Virgen Gracia, 1º domingo septiembre
- Fiestas Patr. V. de Gracia, 8 de septiembre
- Romería de S. Mateo, 21 de septiembre

Marchena

- Cabalgata Reyes Magos, 5 de enero
- Semana Santa. Variable marzo-abril
- Corpus Christi. Variable mayo-junio
- Feria de Marchena. Último domingo agosto
- Patrona Virgen del Rosario. Domingo próximo 7 octubre

Osuna

- Patrón S. Arcadio, 12 de enero
- Semana Santa. Variable marzo-abril
- Feria de Osuna, 13-15 de mayo
- Patrona V. de Consolación, 8 de septiembre

Estepa

- Semana Santa. Variable marzo-abril
- Octava V. de los Remedios, 3º domingo de marzo
- Romería de Roya, 1-5 de mayo
- «Velá» de Sta. Ana, 26 de julio
- Feria de Agosto, 13-16 de agosto

La Roda de Andalucía

- Semana Santa. Variable marzo-abril
- Feria del Patrón S. Pedro, 29 junio-2 julio
- Patrona V. de los Llanos, 8 de septiembre

Fuente de Piedra

- S. Isidro Labrador, 15 de mayo
- Feria de Santiago, 23 - 26 de julio
- Ntra. Sra. de la Virtud, 8 de septiembre

Humilladero

- S. Juan Bautista, 24 de junio
- Patrona N. S. del Rosario, 8 de octubre

Mollina

- Ntra. Sra. de la Oliva, 14 - 17 de agosto